小白SO EASY!
财会书系

记账算账 就这么简单

全彩图解版

雷智翔◎著

金城出版社
GOLD WALL PRESS
中国 · 北京

图书在版编目(CIP)数据

记账算账就这么简单：全彩图解版／雷智翔著.
—北京：金城出版社，2019.1
ISBN 978-7-5155-1769-8

Ⅰ.①记… Ⅱ.①雷… Ⅲ.①会计方法-图解
Ⅳ.①F231-64

中国版本图书馆 CIP 数据核字（2018）第 262110 号

记账算账就这么简单（全彩图解版）

作　　者　雷智翔
责任编辑　李明辉
开　　本　880 毫米×1230 毫米　1/32
印　　张　7.5
字　　数　175 千字
版　　次　2019 年 1 月第 1 版
印　　次　2019 年 1 月第 1 次印刷
印　　刷　三河市腾飞印务有限公司
书　　号　ISBN 978-7-5155-1769-8
定　　价　49.80 元

出版发行　金城出版社　北京市朝阳区利泽东二路 3 号　邮编：100102
发 行 部　(010)84254364
编 辑 部　(010)64391966
总 编 室　(010)64228516
网　　址　http://www.jccb.com.cn
电子邮箱　jinchengchuban@163.com
法律顾问　北京市安理律师事务所 18911105819

目录

第3章 新建账簿

第4章 会计凭证

第5章 凭证登记

第6章 登记账簿

第7章 成本计算

第8章 费用统计

第9章 利润的形成和分配

第10章 编制报表前的准备工作

如何使用本书

《记账算账就这么简单（全彩图解版）》是一本专门为记账、算账行业的初学者量身打造的通俗读物。全书共分为10章，每章4—8节内容。为了让读者由浅入深、简单明了地掌握记账、算账的基本知识，也为了节省读者的宝贵时间，本书在内容上尽量将专业知识通俗化，从常识的角度来阐述高深的理论。

在阅读页面上，本书采用简单、清楚的学习界面，加上图解来辅助解释复杂的概念。总之，阅读本书，您将轻松掌握记账、算账知识。

大标题

每个篇章都有几个大标题，每个大标题为初学者揭示了一个知识要点。

前言 引文

对将要学习的知识要点给予简明扼要的说明，并说明其重要性及其影响因素。

Tips

一针见血地指出需要注意的事项，提供一些经验诀窍或相关建议。

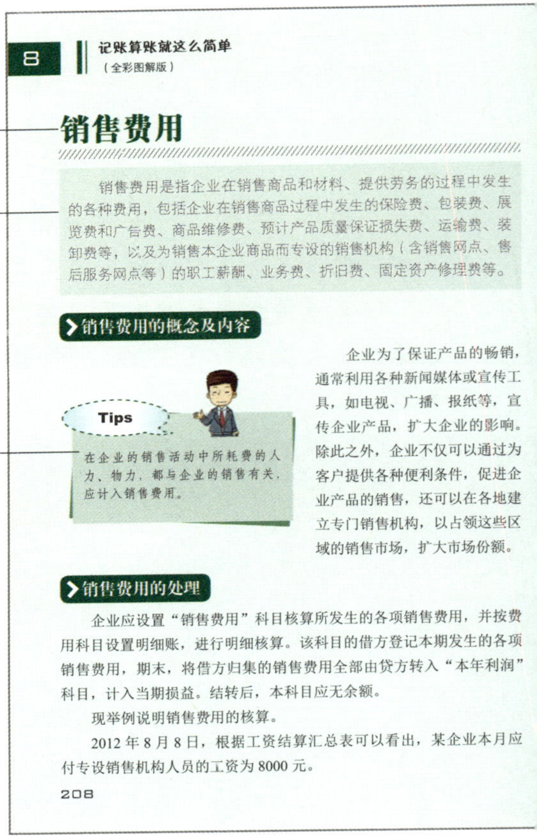

8 记账算账就这么简单（全彩图解版）

销售费用

销售费用是指企业在销售商品和材料、提供劳务的过程中发生的各种费用，包括企业在销售商品过程中发生的保险费、包装费、展览费和广告费、商品维修费、预计产品质量保证损失费、运输费、装卸费等，以及为销售本企业商品而专设的销售机构（含销售网点、售后服务网点等）的职工薪酬、业务费、折旧费、固定资产修理费等。

销售费用的概念及内容

Tips

在企业的销售活动中所耗费的人力、物力，都与企业的销售有关，应计入销售费用。

企业为了保证产品的畅销，通常利用各种新闻媒体或宣传工具，如电视、广播、报纸等，宣传企业产品，扩大企业的影响。除此之外，企业不仅可以通过为客户提供各种便利条件，促进企业产品的销售，还可以在各地建立专门销售机构，以占领这些区域的销售市场，扩大市场份额。

销售费用的处理

企业应设置“销售费用”科目核算所发生的各项销售费用，并按费用科目设置明细账，进行明细核算。该科目的借方登记本期发生的各项销售费用，期末，将借方归集的销售费用全部由贷方转入“本年利润”科目，计入当期损益。结转后，本科目应无余额。

现举例说明销售费用的核算。

2012年8月8日，根据工资结算汇总表可以看出，某企业本月应付专设销售机构人员的工资为8000元。

208

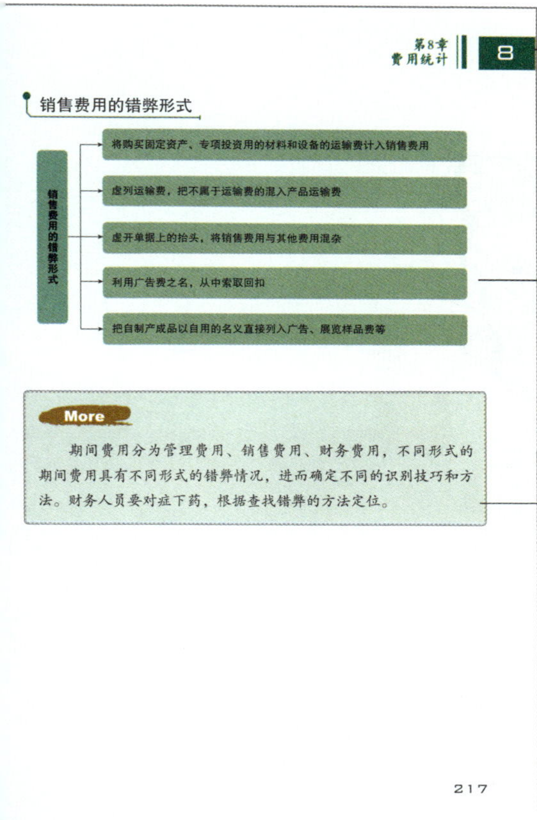
第8章 费用统计 8

销售费用的错弊形式

销售费用的错弊形式
- 将购买固定资产、专项投资用的材料和设备的运输费计入销售费用
- 虚列运输费，把不属于运输费的混入产品运输费
- 虚开单据上的抬头，将销售费用与其他费用混杂
- 利用广告费之名，从中索取回扣
- 把自制产成品以自用的名义直接列入广告、展览样品费等

More

期间费用分为管理费用、销售费用、财务费用，不同形式的期间费用具有不同形式的错弊情况，进而确定不同的识别技巧和方法。财务人员要对症下药，根据查找错弊的方法定位。

217

篇名

全面讲述了财务管理所涉及的主要内容，每篇讲述一个主题。

图解

为了让读者一目了然地理解书中概念，本书运用逻辑拆解法，将概念间的关系做成图表的形式。

More

对前文无法详细说明的重要内容，在此进行详细说明。

第1章

账务处理

账务处理程序，也称会计核算，是指对会计数据的记录、归类、汇总、陈报的步骤和方法。账务处理程序的基本模式可以概括为：原始凭证——记账凭证——会计账簿——会计报表。

本章教你：

- ▶手工账务处理
- ▶计算机账务处理
- ▶账务处理程序的设置原则
- ▶记账凭证账务处理程序
- ▶科目汇总表账务处理程序
- ▶日记账务处理程序

账务处理程序主要有5种形式：记账凭证核算形式、科目汇总表核算形式、汇总记账凭证核算形式、日记总账核算形式、多栏式日记账核算形式。

账务处理的基本功能是将会计原始凭证经过一定的数据处理形成会计账簿，无论是手工处理还是计算机处理，都必须完成这一基本功能。

手工账务处理

手工账务处理是利用算盘、纸张、电子计算器或一些相关的机械设备等作为会计数据的存储介质和计算工具，主要靠人工进行会计数据的收集、存储、加工和传递的会计数据处理技术。手工账务处理最大的优势在于它具有良好的适应性、灵活性和可靠性。

手工账务处理的基本流程

在传统的手工账务处理中，会计人员在会计核算的基本前提和一般原则下，以货币为计量工具，对企业的经济业务进行记录，其流程表现为当一般经济业务发生后，会计人员根据原始凭证编制记账凭证，然后根据记账凭证进行账簿登记，最后再根据账簿编制各种财务报表。

手工账务处理基本模式流程：

（1）根据经济业务取得或填制原始凭证。

（2）根据原始凭证编制记账凭证。

（3）根据收款凭证、付款凭证登记现金和银行存款日记账。

（4）根据记账凭证，按经济业务所涉及的会计账户登记分类账（总分类和明细分类）。

（5）根据分类账和日记账编制发生额和余额对照表，进行账项的试算。

（6）编制会计报表。

手工账务处理的主要步骤

（1）日常凭证处理和记账处理。

在日常会计业务处理流程中，会计人员将原始凭证整理、汇总，并根据审核后的收款凭证和付款凭证，逐日、逐笔登记现金日记账和银行存款日记账；其他会计岗位人员根据审核后的记账凭证登记各种明细账；根据单位自身情况选择恰当的账务处理方法登记总账。

（2）期末处理。

由于总账、日记账、明细账分别由多个会计人员登记，不可避免地会发生错误，所以每个会计年末都要进行对账和结账，人工查找错误。待核算无误后，才能结账，然后再编制会计报表。

手工账务处理基本模式流程图

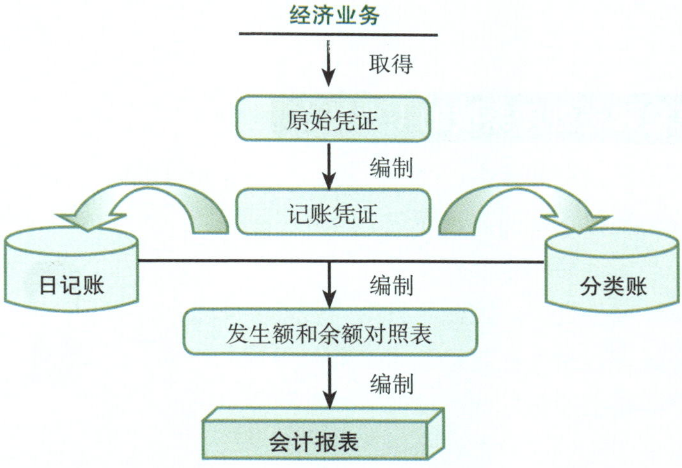

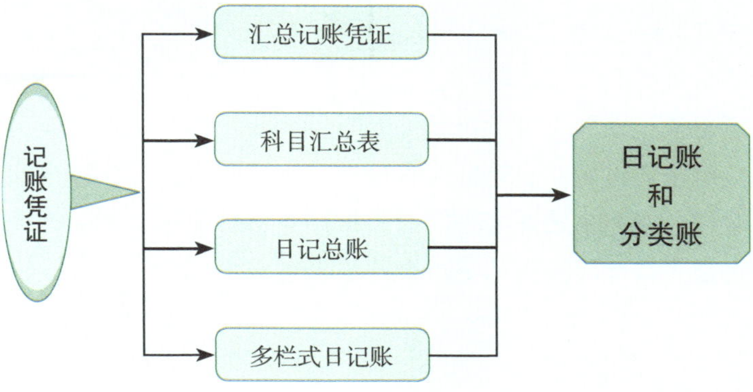

计算机账务处理

计算机账务处理，是指把以计算机为主的当代电子技术和信息技术应用到会计账务处理实务中的会计数据处理技术。计算机以其运算速度快、存储量大、处理过程全部自动化、计算精度高等特点，彻底改变了会计工作的面貌，提高了会计数据处理的及时性和准确性。计算机账务处理除覆盖手工账务处理所具备的功能外，还增添了其独特的应用功能。

计算机账务处理系统的主要特点

在计算机账务处理中，会计账簿、凭证都来自以电子方式、二进制形式存储的虚拟记账凭证，而记账凭证等会计信息则主要保存于会计数据库文件之中。因此，只要记账凭证等数据保存完好，通过显示器等输出设备，就可以保证实时输出账簿信息，查阅和使用账务数据。

Tips

计算机账务处理方便快捷，但必须对计算机内的数据进行多方位的严格验证，以确保数据准确无误，这样才能得到正确的信息。

与手工账务处理不同的是，计算机账务处理只要保证这些会计数据库里的记账凭证文件准确无误，就可以通过定义自动转账分录自动生成转账凭证，减少期末的工作量，这样，在期末结账处理时只需做账务核对即可，不必一笔笔地计算。这真是“鼠标轻松点几下，会计报表生成啦”！

计算机账务处理系统的主要功能

（1）系统初始化。

（2）凭证处理。

（3）出纳管理。

（4）账簿输出。

（5）期末处理。

计算机账务处理系统的主要功能	
系统初始化	设置会计科目
	录入初期余额
	设置凭证类别
	设置辅助科目及余额
	设置外币及汇率
	自动转账定义
凭证处理	输入凭证
	修改凭证
	审核凭证
	查询凭证
	打印凭证
	凭证入账
出纳管理	出纳签字
	现金账管理
	银行账管理
账簿输出	科目余额表输出
	总账输出
	明细账输出
	综合查询

（续表）

计算机账务处理系统的主要功能	
期末处理	自动转账
	转出费用汇总表
	月末结账
	年末结账
系统维护	科目维护
	币别维护
	账套维护
	人员管理
	口令维护
	文件恢复
	文件备份

计算机账务处理流程图

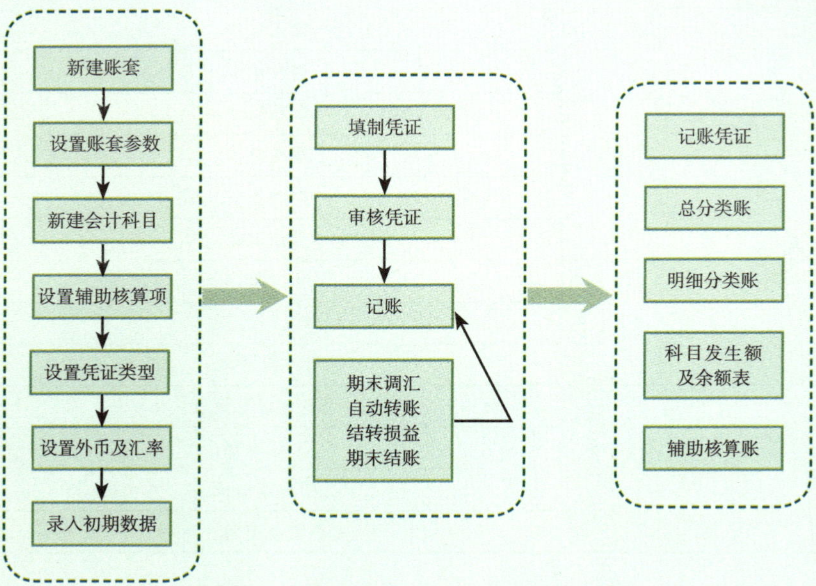

计算机账务处理方式

新增	初始设置模块	初始设置模块在整个系统中的作用举足轻重	科目表的编码设置，直接关系到记账凭证的录入、存储、查询效率
			科目余额表金额的准确性，直接关系到计算机与手工账的接口问题
			往来单位信息表和余额表直接关系到对往来单位辅助信息的核算和管理
	录入员岗位	录入员负责录入记账凭证	直接关系到整个账务系统数据处理的准确性
新增	临时凭证文件	临时凭证文件用于保存当期审核后的临时凭证	相对于历史凭证文件而言，其主要作用是便于集中审核当期的记账凭证，不用查询前期已经审核结账的凭证，节省了系统查询时间
自动	记账	记账人员发指令，计算机自动将凭证文件中已审核凭证进行记账，分别更新汇总文件、已记账文件、企业银行账等，并将凭证文件中已记账的凭证删除	
	结账	会计期末结账人员发指令，计算机自动根据凭证模板生成机制凭证，保存在凭证文件中，供记账使用	
		当所有凭证都记账后，计算机自动计算出本月合计、本年累计数据	

账务处理程序的设置原则

所谓原则是指观察问题、处理问题的准则。账务处理程序的设置必须坚持以中华人民共和国财政部颁发的《企业会计准则》为指导，必须结合企业实际情况，必须考虑适当地均衡会计工作，坚持提高会计工作质量与合理简化手续相结合。

各会计机构在设置账务处理程序时应遵循的原则

（1）账务处理程序要与本单位的业务性质、规模大小、繁简程度、经营管理的要求和特点等相适应，有利于加强会计核算工作的分工协作，有利于实现会计控制和监督目标。

（2）账务处理程序要能正确、及时、完整地提供会计信息使用者需要的会计核算资料。

（3）账务处理程序要在保证会计核算工作质量的前提下，力求简化核算手续，节约人力和物力，降低会计信息成本，提高会计核算的工作效率。

企业账务处理程序的设置

一般情况下，中小型企业规模小，业务量较少，所以企业管理和决策对会计信息的依赖性较小，而且核算目标主要是对外报表和纳税申报。在这种情况下，设计账务处理程序首先要考虑的是简单实用，可选择记账凭证账务处理程序。大中型企业业务量大，企业管理和决策对会计信息依赖强，而且会计核算目标除了满足对外报告的需要外，更重要的是为企业管理服务，要对内部提供较为详细的财务分析报告。因此，在选择账务处理程序时，一方面要考虑处理大量会计信息的需要，另一方面要便于对会计信息进行分析。为此，可以采用汇总记账凭证、科目汇总表或多栏式日记账账务处理程序。特大型企业，编制汇总记账凭证工作量大，一般采用科目汇总表账务处理程序。

在不同企业中，业务种类千差万别，有的企业业务综合，有的企业业务单一，有的企业业务繁杂，因此，设置的账务处理程序也有所不同。例如，银行业务比较单一，要求时效性，常以原始凭证代替记账凭证，直接依据科目日结单登记总账。业务单一的企业可以通过日记总账或汇总记账凭证进行账务处理。在业务较繁杂的企业中，为了简化核算手续，可以采用科目汇总表形式进行账务处理。

企业账务处理程序的补充或创新

企业按前面的方法选定某一账务处理程序后，并不意味着账务处理程序设计任务的完成。因为通过上述方法选定的账务处理程序，虽说符合企业的实际情况，但它是相对于其他账务处理程序而言的，实际上，它不能与企业的实际情况完全相符，即使相符，也存在该程序是否是最有效率的问题。因此，在确定某一核算形式主框架后，需要结合业务做进一步分析，找出与实际业务不协调之处，进行补充和修改。在符合会计制度的前提下，可以对核算形式进行创新。

企业账务处理程序的补充或创新方法

角度	举例
对会计凭证的补充与创新	使用汇总原始凭证 部分原始凭证代替记账凭证 编制简易记账凭证或累计记账凭证
从记账凭证与日记账关系上进行补充或创新	设置一式两份的套写记账凭证。一份用于登记分类账，一份按时间顺序分类装订，并定期结出发生额和余额，以此代替日记账
从日记账与总分类账之间进行创新	企业可以设置多栏式现金（银行存款）日记账，根据日记账中的科目累计发生额登记总账，从而简化登记总账工作量
从总账和明细账的关系上进行改进	对于某些明细账数量不多的总账，可以将总账与所属明细账设在一起，通过加宽总账账页，按其明细科目设置专栏来解决

记账凭证账务处理程序

记账凭证账务处理程序是指对发生的经济业务全部以原始凭证或原始凭证汇总表为依据编制记账凭证，然后再根据记账凭证直接登记总分类账的一种账务处理程序。

记账凭证的格式

在记账凭证账务处理程序下，记账凭证可以采用通用的格式，也可以按照所反映经济业务的内容，采用收款凭证、付款凭证和转账凭证。

账簿一般设置现金日记账、银行存款日记账、明细分类账和

Tips

为了减少登记总账的工作量，我们尽可能将同类型经济业务的原始凭证汇总编制成原始凭证汇总表，然后再根据汇总表编制记账凭证。

日记总账格式

年		凭证		摘要	发生额	科目		科目		科目	
月	日	字	号		（合计）	借	贷	借	贷	借	贷
				本月发生							

总分类账。现金日记账、银行存款日记账及总分类账均采用三栏式格式，明细分类账可以根据经营管理的需要，采用三栏式、数量金额式或多栏式。

记账凭证账务处理程序的适用范围

记账凭证账务处理程序，手续简便、方法易学、核算程序简单明了，通过总分类账就能系统地反映某一经济业务的发生情况，便于进行会计分析和会计检查。

由于这种账务处理程序是根据记账凭证逐笔登记总分类账的，所以登记总分类账的工作量较大。

因此，记账凭证账务处理程序一般适用于规模较小、经济业务较少的企业和单位。

记账凭证账务处理程序的适用范围

记账凭证账务处理程序的特点	通过总分类账就能系统地反映某一经济业务的发生情况，便于进行会计分析和会计检查	手续简便、方法易学、核算程序简单明了	登记总分类账的工作量较大
适应的企业特点	需要经常进行会计分析和会计检查	对会计人员的业务能力要求不高	经济业务较少

记账凭证账务处理程序的一般步骤

（1）根据原始凭证编制汇总原始凭证。

（2）根据原始凭证或原始凭证汇总表编制收款凭证、付款凭证和转账凭证，也可采用通用的记账凭证。

（3）根据收款凭证、付款凭证逐笔登记现金日记账和银行存款日记账。

（4）根据原始凭证、汇总原始凭证和记账凭证，登记各种明细分类账。

（5）根据记账凭证逐笔登记总分类账。

（6）期末，库存现金日记账、银行存款日记账和明细分类账的余额同有关总分类账的余额核对相符。

（7）期末，根据总分类账和明细分类账的记录编制会计报表。

记账凭证账务处理程序流程图

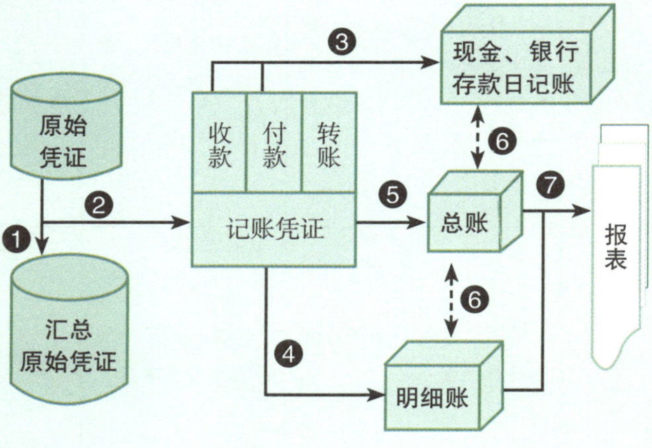

汇总记账凭证账务处理程序

汇总记账凭证账务处理程序是根据原始凭证或汇总原始凭证编制记账凭证，定期根据记账凭证分类编制汇总收款凭证、汇总付款凭证和汇总转账凭证，再根据汇总记账凭证登记总分类账的一种账务处理程序。

汇总记账凭证

在汇总记账凭证账务处理程序下，记账凭证除要分别设置收款凭证、付款凭证和转账凭证外，还要分别设置汇总收款凭证、汇总付款凭证和汇总转账凭证。汇总记账凭证是按每个科目设置，并按科目一方(借方或贷方)的对应科目进行汇总。

汇总记账凭证账务处理程序的一般步骤

（1）根据原始凭证编制汇总原始凭证。

（2）根据原始凭证或原始凭证汇总表编制收款凭证、付款凭证和转账凭证，也可采用通用的记账凭证。

Tips

会计人员务必细致谨慎，遵照《企业会计准则》进行账务处理。

（3）根据收款凭证、付款凭证逐笔登记现金日记账和银行存款日记账。

（4）根据原始凭证、汇总原始凭证和记账凭证，登记各种明细分类账。

（5）根据各种记账凭证编制有关汇总记账凭证。

（6）根据各种汇总记账凭证登记总分类账。

（7）期末，将库存现金日记账、银行存款日记账和明细分类账的余额同有关总分类账的余额核对相符。

（8）期末，根据总分类账和明细分类账的记录编制会计报表。

汇总记账凭证账务处理程序流程图

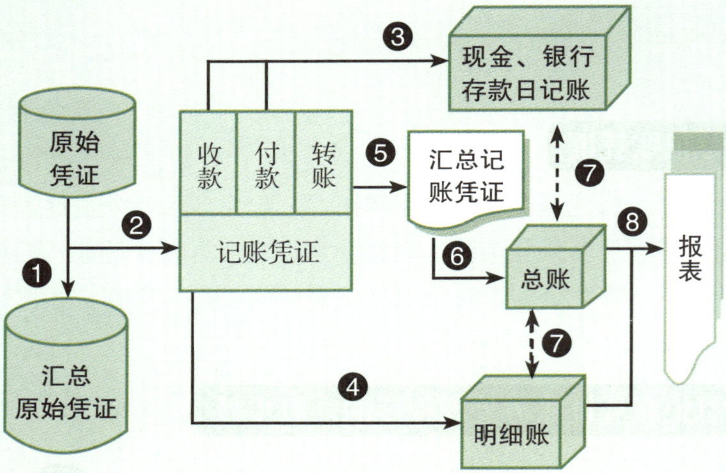

汇总记账凭证账务处理程序的适用范围

汇总记账凭证账务处理程序根据汇总记账凭证月终一次登记总分类账，可以克服记账凭证账务处理程序登记总分类账工作量过大的缺点，大大简化了登记总分类账的工作量。同时，由于汇总记账凭证是根据许多记账凭证，按照会计科目的对应关系进行归类、汇总编制的，在总分类账中也注明了对方科目，因而在汇总记账凭证和总分类账中，可以清晰地反映科目之间的对应关系，便于查对和分析账目。但是，按每一贷方科目编制汇总转账凭证，不利于会计核算的日常分工，当转账凭证较多时，编制汇总转账凭证的工作量较大。因此，这种账务处理程序适用于规模较大、业务量较多的单位。

科目汇总表账务处理程序

科目汇总表账务处理程序又称记账凭证汇总表账务处理程序，它是根据记账凭证定期编制科目汇总表，再根据科目汇总表登记总分类账的一种会计核算形式。其主要特点是，定期将所有记账凭证汇总编制成科目汇总表，然后根据科目汇总表汇总登记总分类账。

科目汇总表

采用科目汇总表账务处理程序，所需设置的账簿的种类和格式与记账凭证账务处理程序基本相同。记账凭证一般采用收款凭证、付款凭证、转账凭证格式，为了定期对记账凭证进行汇总，还需设置科目汇总表。现金日记账、银行存款日记账、总分类账、明细分类账，前三者可采用三栏式，明细账可根据需要选择数量金额式、多栏式、通用格式。

科目汇总表也是一种记账凭证，它是根据收款凭证、付款凭证和转账凭证，按照相同的科目归类，定期（月或旬）汇总计算每一总账科目的借方发生额和贷方发生额，填入表内，全部科目的借方发生额合计数应与贷方发生额合计数相等。为了方便编制科目汇总表，平时编制记账凭证时，尽可能地使账户对应关系保持“一借一贷”，减少“一借多贷”“一贷多借”和“多借多贷”。此外，为了方便登记总账和核对检查，会计科目的排列顺序与总账的排列顺序最好对应一致。

科目汇总表账务处理程序的步骤

（1）根据原始凭证编制汇总原始凭证。

（2）根据原始凭证或原始凭证汇总表编制收款凭证、付款凭证和转账凭证（也可采用通用的记账凭证）。

（3）根据收款凭证、付款凭证逐笔登记现金日记账和银行存款日记账。

（4）根据原始凭证、汇总原始凭证和记账凭证，登记各种明细分类账。

（5）根据各种记账凭证编制科目汇总表。

（6）根据科目汇总表登记总分类账。

（7）期末，将库存现金日记账、银行存款日记账和明细分类账的余额同有关总分类账的余额核对相符。

（8）期末，根据总分类账和明细分类账的记录编制会计报表。

科目汇总表账务处理程序流程图

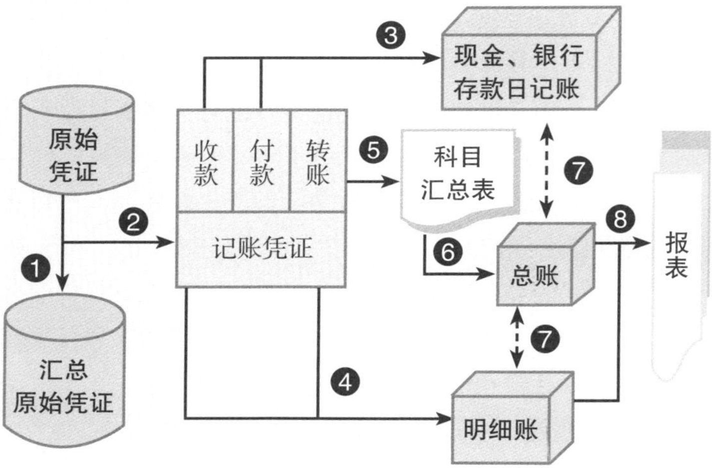

科目汇总表账务处理程序的适用范围

科目汇总表账务处理程序减轻了登记总分类账的工作量，并可做到试算平衡、简明易懂、方便易学。但是，按照相同科目归类编制的科目汇总表只反映各科目的借方本期发生额和贷方本期发生额，不能反映账户的对应关系，不便于查对账目。因此，这种账务处理程序适用于业务量较多的单位。

多栏式日记账账务处理程序

对于转账业务不多的单位，可以根据转账凭证逐笔登记总分类账；对于转账业务较多的单位，可以根据转账凭证定期填制转账凭证科目汇总表登记总分类账。

多栏式日记账

多栏式日记账账务处理程序是指根据多栏式现金日记账、多栏式银行存款日记账和转账凭证登记总分类账的一种会计核算形式，首先根据收款凭证、付款凭证逐日、逐笔登记多栏式现金、银行存款日记账，然后据以登记总分类账。

在多栏式日记账核算形式下，需设置的凭证也应包括收款凭证、付款凭证和转账凭证，格式一般采用专用凭证格式。其需设置的账簿组织有：多栏式现金日记账、多栏式银行存款日记账、各种明细分类账和总分类账。在现金、银行存款日记账中，如需设置专栏的对应账户较多，可以分别设置现金收入、现金支出、银行存款收入、银行存款支出四本日记账。总分类账可以按全部账户开设账页，这种总分类账称为汇总式总账，其账页格式一般采用三栏式。

“四柱结算法”

多栏式日记账中的收入、支出、期初余额均来自中国古代的“四柱结算法”。“旧管”“新收”“开除”“见在”是“四柱结算法”的基本要素。“旧管”的基本含义是“期初余额（或上期结存）”；“新收”的基本含义是“本期增加额”；“开除”的基本含义是“本期减少额”；“见在”

的基本含义是“期末余额”。古人形象地把它们比喻为支撑大厦的4根支柱，缺一不可，故名“四柱结算法”。

多栏式日记账账务处理程序步骤

（1）根据原始凭证编制汇总原始凭证。

（2）根据原始凭证或汇总原始凭证编制收付转记账凭证。

（3）根据收款凭证、付款凭证逐笔登记多栏式现金收入日记账、现金支出日记账、银行存款收入日记账和银行存款支出日记账。

（4）根据原始凭证、记账凭证，登记各种明细分类账。

（5）根据多栏式日记账和转账凭证登记总分类账。

（6）期末，明细分类账的余额同有关总分类账的余额核对相符。

（7）期末，根据总分类账和明细分类账的记录，编制会计报表。

多栏式日记账账务处理流程图

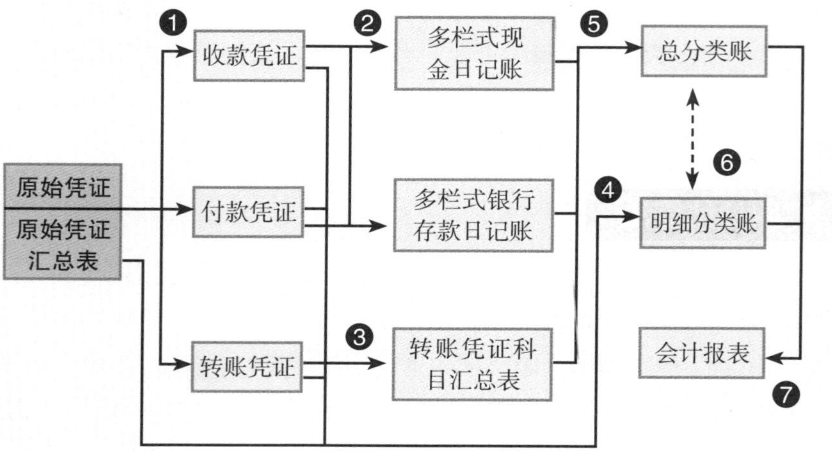

现金收入日记账

20××年		凭证号数	摘要	贷方科目			收入	支出	余额
月	日			其他应收款	银行存款				
9	1		期初余额						400.00
	5		预支款收回	250.00	250.00		250.00		650.00
	11	（略）	提取备用金		400.00		400.00	.	1 050.00.
	18		转记					300.00	750.00
	24		提现备付工资		3 500.00		3 500.00		4 250.00
	25		转记					3 600.00	650.00
	30			250.00	3 900.00		4 150.00	3 900.00	650.00

More

多栏式日记账账务处理程序的特点是设置多栏式现金日记账和银行存款日记账，根据多栏式日记账登记总分类账；对于转账业务，根据转账凭证或科目汇总表登记总分类账。

日记总账账务处理程序

日记总账账务处理程序是一种以日记总账替代总分类账，根据经济业务发生后所填制的各种记账凭证直接逐笔登记日记总账，并据以编制会计报表的会计核算形式。

日记总账账务处理程序的特点

与其他会计核算形式相比，在日记总账核算形式下，仍应设置收款凭证、付款凭证和转账凭证 3 种专用格式的记账凭证或通用格式的记账凭证，以及现金日记账、银行存款日记账和各种明细分类账，以便序时、分类地反映单位所发生的全部经济业务。与其他会计核算形式不同

日记总账

20××年		记账凭证号数	摘要	发生额	现金		银行存款		原材料		生产成本		应收账款	
月	日				借方	贷方	借方	贷方	借方	贷方	借方	贷方	借方	贷方
略	略	略	期初余额		1 200		250 000		70 000		32 000		300 000	
			收回赊销款	20 000			80 000							300
			采购材料	85 000				85 000	85 000					
			生产领用材料	140 000						14 000	14 000			
			提取现金	5 000	5 000			5 000						
			略											
			本期发生额合计数	184 000	2 000		80 000	90 000	85 000	14 000				800
			期末余额		6 200		240 000		141 000		45 000	45 000	220 000	

之处在于，这种会计核算形式的总分类账采用的是日记总账的形式。

日记总账采用的是多栏式的账页格式，按经济业务所涉及的全部会计科目设置专栏。在登记日记总账时，对于单位所发生的收款、付款业务和转账业务，除了摘要栏的内容外，其他栏目应分别根据收款凭证、付款凭证和转账凭证逐日、逐笔登记日记总账。对每笔经济业务所涉及的各个会计科目的借方发生额或贷方发生额，都应分别登记在日记总账中同一行的不同会计科目栏的借方或贷方栏内，并将借方或贷方发生额记在“发生额”栏内。月末，分别结算出各会计科目栏的借方栏或贷方栏的合计数，并计算出各会计科目的期末余额，进行账簿记录的核对工作。核对账簿记录时，主要核对“发生额”栏内的本月合计数是否与全部会计科目的借方发生额或贷方发生额的合计数相符，以及各会计科目的借方余额合计数是否与其贷方余额合计数相符。

日记总账账务处理程序的步骤

（1）根据原始凭证或原始凭证汇总表填制各种记账凭证。

（2）根据收款凭证、付款凭证，逐日、逐笔登记现金日记账和银行存款日记账。

（3）根据各种记账凭证及其所附的原始凭证或原始凭证汇总表登记各种明细分类账。

（4）根据收款凭证、付款凭证和转账凭证，逐日、逐笔地登记日记总账。

（5）期末，将现金日记账、银行存款日记账的余额和各种明细分类账户的余额或余额合计数，分别与日记总账对应科目的余额核对相符。

（6）期末，根据总分类账和明细分类账的记录，编制会计报表。

日记总账账务处理程序的适用范围

日记总账账务处理程序不需要汇总各记账凭证，会计凭证的处理比较简单，同时账面上可以反映出各个会计账户的对应关系，直观地体现经济业务的来龙去脉。但是，由于在这种会计核算形式下，会计期间内的经济业务都依据各记账凭证逐日地登记在一张账页上，所以如果经济组织会计科目较多，日记总账的账页会明显过大。这不仅不便于登账，而且会增加会计核算的工作量，故其一般适用于经济业务简单、使用会计科目较少的小型经济组织。

日记总账账务处理流程图

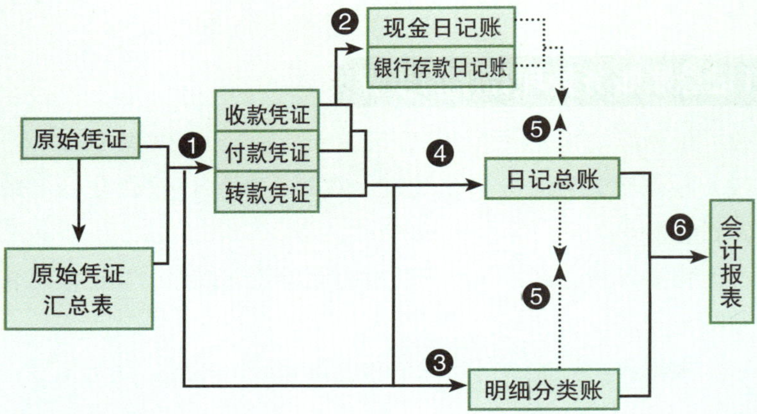

More

日记总账账务处理程序的基本特点是设置日记总账，所有账务都在日记总账中按顺序、分科目进行登记。日记总账既是日记账，又是总分类账。

第2章

账簿设置

学生学习有作业本，音乐家弹奏有乐章，秘书工作有备忘录，而我们会计人员也有一本秘籍——账簿。账簿是由若干张具有一定格式的账页联结在一起并按照会计科目开设户头，以序时、分类地记录和反映经济业务的簿籍。簿籍是账簿的外表形式，而簿籍的内容则是账户记录。

本章教你：

- 账簿
- 日记账
- 总分类账
- 明细分类账
- 备查账
- 会计记账科目
- 会计记账账户

企业的经济管理可以从账簿寻找系统、完整的会计信息，单位的经济业务在账簿能全面、连续、系统地反映出来，会计报表的编制主要依据账簿，各方面的经济监督以账簿为凭……账簿无疑是会计档案的主要资料。

账簿设置的基本原则

账簿的设置要合法合规，根据本单位经济活动及经营管理的需要确定设置账簿的种类和数量，保证账簿的内容完整、体系科学严密，而账簿的账页格式更应满足实际需要，简便实用。

账簿设置的基本原则

各企业均应按照会计核算的基本要求和会计规范的有关规定，结合本企业的经济业务特点和经营管理的需要，设置必要的账簿，并且认真做好记账工作。

Tips

账簿不仅适用于经济组织，同样适用于个人日常生活。

在进行账簿设置的时候，一般应当遵循以下原则：

（1）要确保全面、连续、系统地核算和监督所发生的各项经济业

账簿设置的基本原则

设置原则

- 依法原则
- 全面系统原则
- 组织控制原则
- 科学合理原则

务，为企业经营管理和编制会计报表提供完整、系统的会计信息和资料。

（2）在保证满足核算和监督经济业务的前提下，尽量节约人力、物力，防止重复记账。

（3）在格式设计上，应从需要核算的经济业务的内容和需要提供的核算指标出发，力求简明实用，避免烦琐复杂，以提高会计的工作效率。

Tips

举例而言，如果企业是酒店行业，就要设置相应的原材料明细账、出入库明细账；如果企业是房地产行业，成本支出相对比较大，就要设置成本明细账。

（4）各经济组织必须按照《中华人民共和国会计法》和国家统一的会计制度规定设置会计账簿，包括总账、明细账、日记账和其他辅助性账簿，不允许不建账，不允许在法定的会计账簿之外另外建账。

More

企业的账簿设置都应符合企业的规模和特点以及经营管理的需要，既要保证便于记账、算账，能够及时正确地从账簿中取得经营管理和编制报表的资料，又要严密精简，避免重叠、烦琐和遗漏，这样有利于节约人力和物力，提高工作效率。

会计账簿的构成与内容

为了使各种经济业务中散乱、繁杂的信息或数据成为有用的会计信息，就要通过不同种类的会计账簿对一个单位的全部经济业务信息或数据进行相互衔接、有序的分类归集、整理和加工。

会计账簿的基本构成

会计账簿的格式虽然多种多样，所记录的经济业务也不相同，但其基本构成均包括封面、扉页和账页三部分。

封面主要用来标明会计账簿的名称，如总分类账、库存现金日记账、银行存款日记账、应收账款明细账等。

Tips

会计账簿的基本构成包括封面、扉页和账页三部分，每部分都有机地保证会计信息资料的准确性、真实性和可靠性。

账簿的组成内容

账簿

扉页填写“账簿使用登记表”或“账户目录”等内容

封面（含封底）起保护账页的作用

账页格式不一，用以记录具体经济业务内容

扉页主要用来填写会计账簿的使用信息，主要内容包括科目索引、账簿启用和经管人员一览表。

账页是构成账簿的主要部分，用来记录经济业务。

账页的基本格式

账页格式因其反映经济业务内容的不同而有所不同，但基本内容应包括：

（1）账户的名称，包含总账科目、二级或明细科目。

（2）登账日期栏。

（3）凭证种类和编号栏。

（4）摘要栏，即记录经济业务内容的简要说明。

（5）金额栏，通过借方、贷方金额及余额的方向记录经济业务的增减变动。

账页样式

最高储存量	
最低储存量	

原材料　　　　明细账

账号		总页数
页数		10

编号：…… 类别：…… 钢材规格：30mm 圆钢单位：千克 存放地点：第一仓库 计划单价：……

01年		凭证		摘要	收入										发出										借或贷	结存											核对
月	日	种类	号数		数量	单价	十	万	千	百	十	元	角	分	数量	单价	十	万	千	百	十	元	角	分		数量	单价	百	十	万	千	百	十	元	角	分	
12	1			期初余额																					借	1 202	3.80				4	5	6	7	6	0	

日记账

日记账也称序时账簿，是指按照经济业务发生或完成时间的先后顺序逐日、逐笔进行登记的账簿。

日记账的分类

设置日记账的目的是为了将经济业务按时间顺序清晰地反映在账簿记录中。

日记账可以用来核算和监督某一类型经济业务或全部经济业务的发生或完成情况。

其中，用来记录全部经济业务的日记账称为普通日记账；用来记录某一类型经济业务的日记账称为特种日记账。

普通日记账

普通日记账是指序时地登记全部经济业务的日记账。它是根据企业日常发生的经济业务所取得的原始凭证逐日、逐笔顺序登记的，这样可以不再填制记账凭证，因为它已经起到记账凭证的作用了。因此，普通日记账也称“分录账”。

普通日记账的格式主要采用两栏式日记账，一般分为“借方金额”和“贷方金额”两栏，登记每一分录的借方账户和贷方账户及金额，这种账簿不结余额。

特种日记账

特种日记账是指专门用来记录某一特定项目经济业务事项的日记账。通常，各经济组织仅对现金和银行存款的收款、付款业务设置现金日记账和银行存款日记账，以便加强货币资金的管理。我国各企业单位设置的特种日记账一般是现金日记账和银行存款日记账，用以逐日核算和监督现金和银行存款的收入、付出和结存情况。

特种日记账的格式主要有三栏式和多栏式两种。现金日记账和银行日记账由出纳员经管并根据现金、银行存款的收款凭证和付款凭证逐笔顺序登记。现金日记账的结余额应当与当天的库存现金进行核对；银行存款日记账也应定期与银行对账单核对，以保证账实相符。

日记账分类图

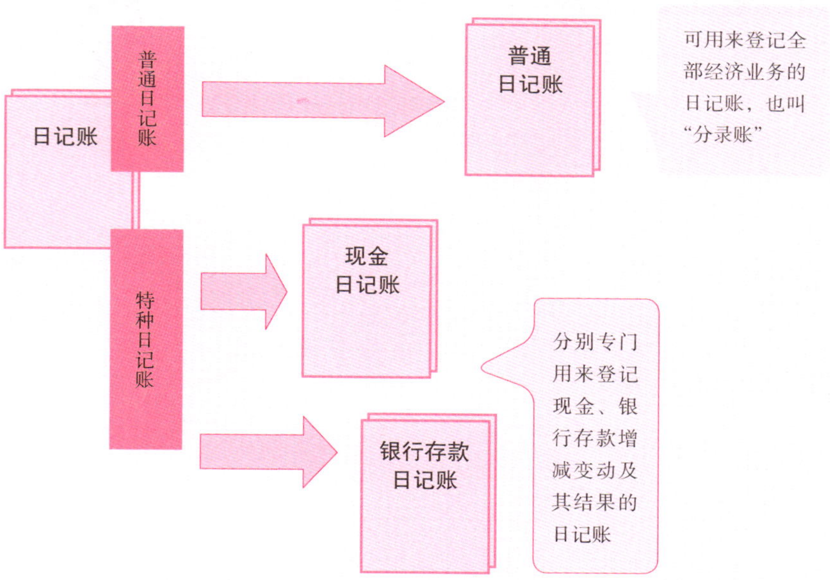

总分类账

总分类账是根据总分类科目开设账户，用来登记全部经济业务，进行总分类核算，提供总括核算资料的分类账簿，简称“总账”。

总分类账的特点

总分类账簿概括地反映交易或事项，一般只提供较总括的金额（货币量）指标。其最常用的账页格式是借方、贷方、余额三栏式的账页，有的经济组织也采用多栏式账页。

Tips

总分类账所提供的核算资料，是编制会计报表的主要依据，任何单位都必须设置总分类账。

总分类账的记账依据和登记方法取决于企业采用的账务处理程

三栏式总账格式

登记记账凭证日期

总账　（三栏式）

根据记账凭证所列金额填列

会计科目：原材料

20××年		凭证		摘要	借方	贷方	借或贷	余额
月	日	种类	号数					
3	1			月初余额			借	30 000
	1	转	1	甲材料入库	10 000		借	40 000
	2	转	2	发出甲材料		5000	借	35 000
				（以下略）				
3	31			本月合计	50 000	35 000	借	45 000

登记记账凭证种类与编号

简明扼要地说明经济业务内容

根据余额性质填列

计算填列

序，既可以根据记账凭证逐笔登记，也可以根据经过汇总过的科目汇总表或汇总记账凭证等登记。

在账簿中，要按照有关会计制度规定的会计科目编码顺序设立账户，每一账户都应预留少数空白账页，以登记一定会计时期内该账户的全部经济业务。根据实际需要，也可在总分类账中的借贷两栏内增设对方科目栏。

多栏式总分类账

多栏式总分类账是把所有的总账科目合设在一张账页上，这种格式的总分类账，兼有序时账和分类账的作用，实际上多是序时账与分类账相结合的联合账簿，即日记总账。

Tips

为了保证账簿资料的安全、完整，总分类账多采用订本式账簿。

很显然，如果企业总账账户较多，则会导致账页过长，不便保管和记账，因此，现在的企业一般很少采用多栏式总分类账。

多栏式总账格式

会计科目	期初余额		本期发生额						期末余额	
			借方			贷方				
	借方	贷方	银行存款业务	现金业务	转账业务	银行存款业务	现金业务	转账业务	借方	贷方
现金	4500			3000（2）			2000（1）		5500	
银行存款	20 000			2000（1）		7000（2）（3）			15 000	
物资采购					4000				0	
原材料	1500				4000			4000	5500	
固定资产	30 000								30 000	
实收资本		56 000								56 000
本月合计	56 000	56 000							56 000	56 000

明细分类账

明细分类账是依照总分类账户的二级科目或明细账户开设账页，分类连续地登记经济业务以提供明细核算资料的账簿。

明细分类账的特点

明细分类账是为了满足不同的经济管理要求而开设的，故其所记录的内容也不同。各单位应当根据具体情况，设置必要的明细分类账。

从账簿形式上来说，明细分类账一般采用活页式账簿，有的也采用卡片式账簿，如固定资产明细账。

Tips

南阳曾发现一本受损的清代账簿，完整部分清楚地记载着一家商行从同治元年到同治五年间的日常交易情况。从账簿上看，商行以零售为主，有副食品、日用品、祭祀用品、土特产、布匹、药材、茶叶、糕点等，甚至还有海参、鱼翅等海产品，经营品种多达数百种。

明细分类账的格式

明细分类账一般有三栏式、数量金额式、多栏式和横线登记式4种形式。根据经营管理的要求及经济业务内容的不同，采用不同的构成格式。

三栏式明细分类账

三栏式明细分类账是账页只设“借方”“贷方”“余额”三个金额栏的明细账，适用于只要求提供价值指标的账户，如应收账款、应付账款、实收资本等账户的明细分类账。

明细分类账的分类

格式
- （1）三栏式明细分类账
- （2）多栏式明细分类账
- （3）数量金额式明细分类账
- （4）横线登记式（或称平行式）明细分类账

多栏式明细分类账

多栏式明细分类账根据经营管理的需要和经济业务的特点，在借方栏或贷方栏下设置多个栏目，用以记录某一会计科目所属的各明细科目的内容，一般适用于成本、费用类的明细账，如管理费用、生产成本、制造费用、营业外收入、利润分配等账户的明细分类账。

数量金额式明细分类账

数量金额式明细分类账是在账页的“借方”“贷方”“余额”各栏中

明细分类账（借贷余三栏式）

明细分类账（借贷余三栏式）

科目

年		记账凭证号数	摘要	对方科目	页数	借方	贷方	借或贷	余额
月	日								

再分别设置“数量”“单价”“金额”栏目的明细账，适用于既要提供价值指标，又要提供数量指标的账户，如原材料、库存商品、产成品等账户的明细分类账。

横线登记式明细分类账

横线登记式明细分类账是将每一相关业务登记在一行，从而可依据每一行各个栏目的登记是否齐全判断该项业务的进展情况，适用于登记材料采购业务、应收票据和一次性备用金业务。

横线登记式明细分类账

______明细账

科目：　　规格等级：　　品名：

子目：　　计量单位：　　总页分页

年		凭证		摘　要	收　入			发　出			结　存		
月	日	字	号		数量	单价	金额	数量	单价	金额	数量	单价	金额

More

明细分类账是指按照明细分类账户进行分类登记的账簿，是根据经济组织开展经营管理的需要对经济业务的详细内容进行核算，是对总分类账进行的补充反映。

备查账

备查账也称备查簿、备查登记簿或辅助账簿，主要是对序时账簿和分类账簿等未能记载或记载不全的经济业务进行补充登记等。备查账的作用是对序时账簿和分类账簿进行补充说明。

备查账的设计

各企业、单位可以根据实际需要设置备查账，其设计方式可以灵活机动，不拘一格。备查账的设计，主要包括下列情形：

Tips

设置和登记备查账，可以对某些经济业务的内容提供必要的参考资料。

（1）对于所有权不属于本企业但由企业暂时使用或代为保管的财产物资，应设计相应的备查账，如租入固定资产登记簿、委托加工材料登记簿、代销商品登记簿等。

委托加工物资登记簿

委托加工物资登记簿

计量单位：

材料名称	规格	合同号	委托单位	接收数量	成品名称	消耗定额	预计成品量
接收日	加工日	完工日	完工量	交付日期	加工费用	备注	

（2）对同一业务需要进行多方面登记的备查账，一般适用于大宗、贵重物资，如固定资产保管登记卡、使用登记卡等。

（3）对某些出于管理上的需要而必须予以反映的事项的备查账，如经济合同执行情况记录、贷款还款情况记录、重要空白凭证记录等。

应收票据登记簿

应收票据登记簿

种类	号数	出票日期	出票人	票面金额	到期日期	利率	付款人	承兑人	背书人	贴现			收回		备注	注销
										日期	贴现率	贴现额	日期	金额		

备查账的作用和意义

备查账主要用于登记资产负债表表内或分类账账内需要说明原因的重要交易或事项，以及资产负债表表外或分类账账外的重要交易或事项。它可以补充说明总分类账和明细分类账所不能详细反映的资料，具有备查备忘的作用。例如，分类账内没有反映的担保事项，分类账内虽已记录，但性质重要的应收票据等，这些都需要在备查账上进行登记说明。

Tips

备查账的种类有很多，企业常设的有应收账款备查账、应收票据备查账等。

备查账对完善企业会计核算、加强企业内部控制与管理、强化对重要经济业务事项的监督、明确会计交接责任、准确填列财务会计报告附注内容等具有重要意义。国家统一的会计制度对备查账的设置有明确要求，所有企业都必须按要求依法设置会计账簿体系，包括总分类账、明细分类账、日记账和备查账。

More

备查账不是根据会计科目设置的，与其他账户之间不存在严密的依存关系。备查账簿的作用是对序时账簿和分类账簿进行补充说明，以加强企业内部控制与管理，完善会计工作。

会计科目

用现金 500 元买了一辆自行车，对此如何记录？企业在生产经营活动中要发生各种各样的经济业务，为全面系统地反映和监督这些情况，分门别类地为经济管理提供会计核算资料，就需要设置会计科目。

会计科目与会计要素

会计科目按其所归属的会计要素不同，可以分为资产类、负债类、所有者权益类、成本类、损益类、共同类六大类。

（1）资产类会计科目是对资产要素的具体内容进行分类核算的项目。按照资产的流动性，资产类会计科目分为反映流动资产的科目和反映非流动资产的科目。在资产类会计科目中，有一些是用来反映资产价值损耗或损失的科目，如“累计折旧”“累计摊销”“坏账准备”“存货跌价准备”等。这些科目反映相应资产的价值损耗或损失，目的是确定资产的账面价值，满足单位资产管理的需要。

Tips

会计科目是为了满足会计核算的需要，对财务报表要素进行具体分类的项目。

（2）负债类会计科目是对负债要素的具体内容进行分类核算的项目。负债类科目分为流动负债和长期负债。

（3）所有者权益类会计科目是对所有者权益要素的具体内容进行分类核算的项目。按所有者权益的形成和性质，所有者权益类会计科目分为反映资本的科目和反映留存收益的科目。

（4）成本类会计科目是对产品、劳务成本的构成内容进行分类核算的项目。按成本的不同内容和性质，成本类会计科目分为反映制造成本的科目和反映劳务成本的科目。

（5）损益类会计科目是对收入、费用要素的具体内容进行分类核算的项目。按损益的不同内容，损益类会计科目分为反映收入的科目和反映费用的科目。

（6）共同类科目是指可能具有资产的性质，也可能具有负债的性质的科目，其性质取决于科目核算的结果：如果核算结果出现借方余额，就叫资产类科目；如果核算结果出现贷方余额，则作为负债类科目。

会计科目与会计要素关系图

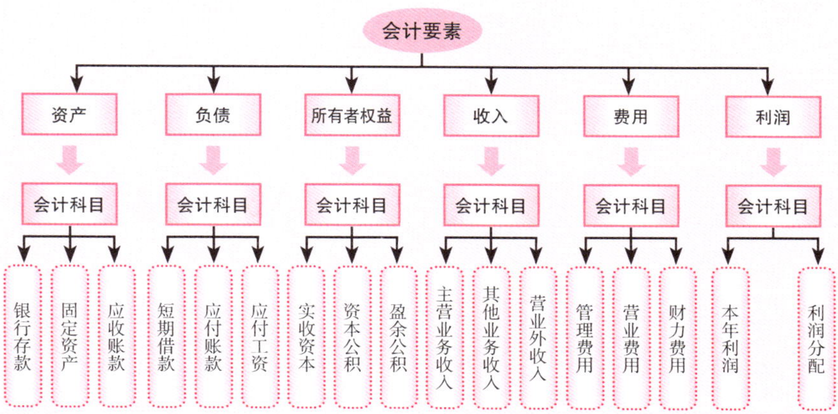

总分类科目和明细分类科目

根据所需提供信息的详细程度及其驾驭关系的不同，可以分为总分类科目和明细分类科目。

（1）总分类科目，也称总账科目或一级科目，是对会计要素的具体内容进行总括分类、提供总括信息的会计科目，如“原材料”“应收账款”“应付账款”“实收资本”等科目。

（2）明细分类科目，简称明细科目，是对总分类科目做进一步分类，提供更详细、更具体的会计信息的科目。例如，“原材料”科目可按原材料的品种、规格等设置明细科目，分别反映各品种、规格的原材料；“应收账款”科目可按债务人设置明细科目，分别反映应收账款的具体对象及其分布情况等。

对于明细科目较多的总分类科目，可在总分类科目与明细科目之间设置二级或多级科目。例如，在企业基本生产和辅助生产的产品或劳务种类较多的情况下，“生产成本”总分类科目下可设置“基本生产成本”和“辅助生产成本”两个二级科目。

会计科目表

序号	编号	会计科目名称	序号	编号	会计科目名称	序号	编号	会计科目名称
一、资产类								
1	1001	库存现金	26	1401	材料采购	51	1602	累计折旧
2	1002	银行存款	27	1402	在途物资	52	1603	固定资产减值准备
3	1003	存放中央银行款项	28	1403	原材料	53	1604	在建工程
4	1011	存放同业	29	1404	材料成本差异	54	1605	工程物资
5	1012	其他货币资金	30	1405	库存商品	55	1606	固定资产清理
6	1021	结算备付金	31	1406	发出商品	56	1611	未担保余值
7	1031	存出保证金	32	1407	商品进销差价	57	1621	生产性生物资产
8	1101	交易性金融资产	33	1408	委托加工物资	58	1622	生产性生物资产累计折旧

（续表）

序号	编号	会计科目名称	序号	编号	会计科目名称	序号	编号	会计科目名称
一、资产类								
9	1111	买入返售金融资产	34	1411	周转材料	59	1623	公益性生物资产
10	1121	应收票据	35	1421	消耗性生物资产	60	1631	油气资产
11	1122	应收账款	36	1431	贵金属	61	1632	累计折耗
12	1123	预付账款	37	1441	抵债资产	62	1701	无形资产
13	1131	应收股利	38	1451	损余物资	63	1702	累计摊销
14	1132	应收利息	39	1461	融资租赁资产	64	1703	无形资产减值准备
15	1201	应收代位追偿款	40	1471	存货跌价准备	65	1711	商誉
16	1211	应收分保账款	41	1501	持有至到期投资	66	1801	长期待摊费用
17	1212	应收分保合同准备金	42	1502	持有至到期投资减值准备	67	1811	递延所得税资产
18	1221	其他应收款	43	1503	可供出售金融资产	68	1821	独立账户资产
19	1231	坏账准备	44	1511	长期股权投资	69	1901	待处理财产损溢
20	1301	贴现资产	45	1512	长期股权投资减值准备	二、负债类		
21	1302	拆出资金	46	1521	投资性房地产	70	2001	短期借款
22	1303	贷款	47	1531	长期应收款	71	2002	存入保证金
23	1304	贷款损失准备	48	1532	未实现融资收益	72	2003	拆入资金
24	1311	代理兑付证券	49	1541	存出资本保证金	73	2004	向中央银行借款
25	1321	代理业务资产	50	1601	固定资产	74	2011	吸收存款
二、负债类（续）			103	2801	预计负债	128	6041	租赁收入
75	2012	同业存放	104	2901	递延所得税负债	129	6051	其他业务收入
76	2021	贴现负债	三、共同类			130	6061	汇兑损益
77	2101	交易性金融负债	105	3001	清算资金往来	131	6101	公允价值变动损益
78	2111	卖出回购金融资产款	106	3002	货币兑换	132	6111	投资收益
79	2201	应付票据	107	3101	衍生工具	133	6201	摊回保险责任准备金
80	2202	应付账款	108	3201	套期工具	134	6202	摊回赔付支出
81	2203	预收账款	109	3202	被套期项目	135	6203	摊回分保费用
82	2211	应付职工薪酬	四、所有者权益类			136	6301	营业外收入
83	2221	应交税费	110	4001	实收资本	137	6401	主营业务成本

（续表）

序号	编号	会计科目名称	序号	编号	会计科目名称	序号	编号	会计科目名称
84	2231	应付利息	111	4002	资本公积	138	6402	其他业务成本
85	2232	应付股利	112	4101	盈余公积	139	6403	营业税金及附加
86	2241	其他应付款	113	4102	一般风险准备	140	6411	利息支出
87	2251	应付保单红利	114	4103	本年利润	141	6421	手续费及佣金支出
88	2261	应付分保账款	115	4104	利润分配	142	6501	提取未到期责任准备金
89	2311	代理买卖证券款	116	4201	库存股	143	6502	提取保险责任准备金
90	2312	代理承销证券款	五、成本类			144	6511	赔付支出
91	2313	代理兑付证券款	117	5001	生产成本	145	6521	保单红利支出
92	2314	代理业务负债	118	5101	制造费用	146	6531	退保金
93	2401	递延收益	119	5201	劳务成本	147	6541	分出保费
94	2501	长期借款	120	5301	研发支出	148	6542	分保费用
95	2502	应付债券	121	5401	工程施工	149	6601	销售费用
96	2601	未到期责任准备金	122	5402	工程结算	150	6602	管理费用
97	2602	保险责任准备金	123	5403	机械作业	151	6603	财务费用
98	2611	保户储金	六、损益类			152	6604	勘探费用
99	2621	独立账户负债	124	6001	主营业务收入	153	6701	资产减值损失
100	2701	长期应付款	125	6011	利息收入	154	6711	营业外支出
101	2702	未确认融资费用	126	6021	手续费及佣金收入	155	6801	所得税费用
102	2711	专项应付款	127	6031	保费收入	156	6901	以前年度损益调整

会计记账账户

某企业用银行存款50000元买了一台机器，会计人员如何记录呢？企业的经济交易与事项发生后，必然影响到会计要素及其具体内容的变动。因此，会计上需要借助适当的方式或工具记录这种变动的过程和结果。

会计记账账户的要素

账户一般包含以下要素：

（1）账户名称：什么账户，即会计科目。

（2）账户的编序页码：什么顺序，即第 × 页。

会计记账账户的要素

什么账户　什么变化　什么顺序

什么时间　什么资料来源

库存现金

总第 1 页分第 1 页

科目编号及名称 1001

科目编号及名称

20×× 年		凭证		摘要	日页	借方	贷方	借或贷	余额
月	日	种类	号数			百千万千百十元角分√	百千万千百十元角分√		百千万千百十元角分√
1	1			期初余额			120000		98000
	5	现付	1	购买办公用品			250000		860000
	10	现付	2	预支差旅费					510000
	17	现收	1	收到货款		360000			970000
				…………					
	20	预付	15	付款			150000		
1	31			本月合计及期末余额		450000	650000		770000

什么结果

什么内容

（3）业务发生后记录入账户的具体时间：什么时间，即何年、何月、何日。

（4）经济业务内容的简要说明：什么内容，即摘要。

（5）各笔记入账户中的业务记录依据：什么资料来源，即凭证号数。

（6）经济业务发生所引起账户记录的数目变化：什么变化，即增加、减少。

（7）经济业务记入相应账户后导致的结果：什么结果，即余额。

会计记账账户的基本结构

账户的基本结构分为记录资金项目的“增加”“减少”“余额”三部分。在会计实务中，账户的基本结构即账页的基本格式如T字形。每一账户分为左右两个方向，一方登记增加数，一方登记减少数。每一账户的左右两方都是按相反方向记录的。资产、成本类账户一般都是借方登记增加，贷方登记减少；负债、所有者权益账户（二者合并称为权益）一般都是借方登记减少，贷方登记增加；损益类账户则需要区分是费用类还是收入类，分别登记，收入与费用之间的登记也是相反的。

Tips

期末余额＝期初余额＋本期增加发生额－本期减少发生额

简单的T字形账户

期初余额
上期结转来的金额

本期增加发生额
本期增加方的金额合计

原材料

借方		贷方	
期初余额	30 000	2	5 000
1	10 000	4	30 000
1	40 000		
本期增加发生额	50 000	本期减少发生额	35 000
期末余额	45 000		

期末余额
期末结余的金额

本期减少发生额
本期减少方的金额合计

会计记账账户按其经济活动的内容和要素分类

账户作为一种用来记录企业经济活动及其资金运动的载体，按其经

资产类账户

资产类账户（核算各类资产的增减变动及结存情况，包括备抵账户）	流动资产账户（反映在1年或者超过1年的1个营业周期内变现或者耗用的资产）	反映货币资金的账户	现金、银行存款、其他货币资金、交易性金融资产
		反映结算债权的账户	应收票据、应收股利、应收利息、应收账款、坏账准备、其他应收款、预付款等
		反映存货的账户	材料采购、原材料、材料成本差异、库存商品、存货跌价准备
	非流动资产账户（持有的超过1年或长于1年的1个营业周期以上变现资产）	长期股权投资、持有至到期投资、可出售金融资产、投资性房地产	反映长期投资的账户
		反映固定资产的账户	固定资产、累计折旧、固定资产减值准备、在建工程、固定资产清理
		反映长期应收款的账户	长期应收款
		反映无形资产和其他长期资产的账户	无形资产、长期待摊费、待处理财产损益等账户

济活动的内容和要素可以分为资产类账户、负债类账户、所有者权益类账户、成本类账户和损益类账户。根据需要，企业可以设置共同类账户。

负债类账户

负债类账户	流动负债类账户（将在 1 年或者超过 1 年的 1 个营业周期内偿还的债务）	短期借款	欠银行的
		应付账款、应付票据	欠材料供应商的
		预收账款	欠购买本企业商品的
		应付职工薪酬	欠职工的
		应交税费	欠税务部门的
		其他应付款	欠其他方面的
	长期负债类账户（反映偿还期限在 1 年或超过 1 年的 1 个营业周期以上的负债）	长期借款	欠银行的
		长期应付账款	欠融资租赁公司的
		应付债券	欠购买本企业发行的债券的购买者的

所有者权益类账户

所有者权益类账户（反映所有者在企业资产中享有的经济利益）	投资人投入的资本	欠银行的
	留存收益	盈余公积、利润分配、本年利润

成本类账户

成本类账户（归集生产经营过程中发生的费用并据以计算产品成本）	反映供应成本（归其材料购入时的价款及采购费用）	材料采购、在途物资、材料成本差异
	反映生产成本（归集产品生产过程中的各种费用，并据以计算产品的生产成本）	生产成本、制造费用

损益类账户

损益类账户（核算与损益的计算确定直接相关的账户）	反映收入的账户	主营业务收入、其他业务收入
	反映支出的账户	主营业务成本、其他业务支出、营业税金及附加、销售费用、管理费用、财务费用、所得税
	反映利得的账户	投资收益、公允价值变动损益、营业收入
	反映损失的账户	营业外支出、资产减值损失

共同类账户

共同类账户	清算资金往来、外汇买卖、衍生工具、套期工具、被套期项目

资产、成本、费用类账户结构

资产类账户　　费用类账户

借　（如“银行存款”）　贷

借方	金额	贷方	金额
期初余额	×××	减少额	×××
增加额	×××		×××
	×××		
本期增加发生额	×××	本期减少发生额	×××
期末余额	×××		

负债、所有者权益、收入和利润类账户结构

负债类账户　所有者权益类账户

收入类账户　利润类账户

借　（如"应付账款"）　贷

借方		贷方	
减少额	×××	期初余额	×××
	×××	增加额	×××
			×××
本期减少发生额	×××	本期增加发生额	×××
		期末余额	×××

总分类账户和明细分类账户

由于账户提供的信息是企业编制财务报表的基础，按照账户及其提供的信息指标详细程度和多样性，可分为总分类账户和明细分类账户。

总分类账户对其所属的明细分类账户起控制作用，提供的是总括的会计信息；明细分类账户是总分类账户的细化和具体化，起到补充说明的作用。

在某些情况下，需要对特定总分类账户的内容进行多次细分，设立多层次的明细账户。例如，"实收资本账户"是总分类账户，其所属明细分类账户主要包括"普通股""优先股"等，一般是"二级账户"，而在"普通股"明细账户下企业按投资者名称又设有"甲公司""乙公司"等明细账户，是"三级账户"。

按照账户及其提供信息的用途和结构，可以分为盘存账户、资本账户、结算账户、调整账户、集合分配账户、成本计算账户、跨期摊提账户、财务成果账户、损益类账户。

按详细程度分类的账户

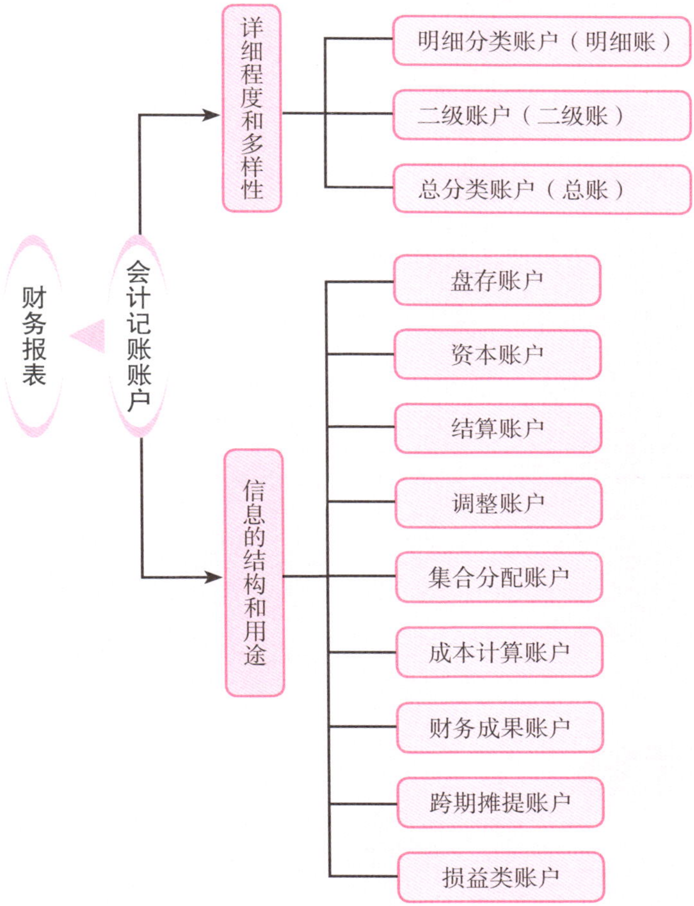
财务报表
会计记账账户
详细程度和多样性
明细分类账户（明细账）
二级账户（二级账）
总分类账户（总账）
信息的结构和用途
盘存账户
资本账户
结算账户
调整账户
集合分配账户
成本计算账户
财务成果账户
跨期摊提账户
损益类账户

盘存账户

盘存账户是用来核算和监督各项财产物资和货币资金增减变动情况及其实有数额的账户，包括“固定资产”“原材料”“库存商品”“银行存款”“现金”“长期股权投资”“交易性金融资产”等账户，主要特点有：

（1）余额一定在借方，反映各项财产物资和货币资产的结存数。如果出现贷方余额，则说明在财产物资和货币资金的收发保管或账务处理上存在问题。

（2）盘存账户要和实地盘点数量相互核对，明细账户要同时使用货币计量和实物计量。通过定期和不定期的实物盘点和核对账目，可以检查账户记录是否正确、账实是否相符。

盘存账户类

借方　　　　盘存账户　　　　贷方

借方	贷方
期初余额：财产物资、货币资金期初实有数 本期发生额：财产物资、货币资金本期增加数	本期发生额：财产物资、货币资金本期减少数
期末余额：财产物资、货币资金期末实有数	

资本账户

资本账户是用来核算和监督实收资本以及资本公积、盈余公积和利润分配的增减变动及其实有数额的账户，包括“实收资本”“资本公积”“盈余公积”等，其主要特点有：

（1）账户的余额一定在贷方。

（2）总分类核算和明细分类核算都采用统一的货币计量单位反映数额的增减变化。

结算账户

债权结算账户是用来核算和监督企业同各个债务单位或个人之间应收及预付款项的增减变动及余额的账户，包括“应收账款”“应收票据”“预付账款”“其他应收款”等账户。其主要特点是余额通常在借方，表示应收尚未收回的债权实有数。

债权结算账户

借方　　　　　　　　　　债权结算账户　　　　　　　　　　贷方

借方	贷方
本期发生额：投资和积累的本期减少数	期初余额：投资和积累的期初实有数 本期发生额：投资和积累的本期增加数
	期末余额：投资和积累的期末实有数

债务结算账户是用来核算和监督企业同各个债权单位或个人之间各项应付、预收账款，各项借款的增减变动和结余情况的账户，包括“短期借款”“长期借款”“应付账款”“应付票据”“预收账款”“应交税费”“应付职工薪酬”“应付股利”等账户。

Tips

债务结算账户的主要特点是余额通常在贷方，表示尚未偿还的债务的实有数。

债务结算账户

借方	债务结算账户 贷方
本期发生额：本期各种借款、应付款、预收款的偿还数	期初余额：期初各种借款、应付款、预收款实有数 本期发生额：本期各种借款、应付款、预收款的增加数
	期末余额：各种借款、应付款、预收款的期末尚未偿还数

债权债务结算账户是用来核算和监督企业同其他单位或个人之间及同企业内部各部门之间债权债务往来结算的账户。为了能在同一账户中集中反映与同一单位或个人的这种债权债务的增减变化，就需要设置具有债权债务双重性质的账户。其主要特点是余额方向不定，有时在借方，有时在贷方。余额若在借方，表示尚未收回的债权；余额若在贷方，表示尚未偿付的债务。

债权债务结算账户

借方	债权债务结算账户 贷方
期初余额：债权大于债务的期初结存数 本期发生额：本期债权增加或债务减少	期初余额：债务大于债权的期初结存数 本期发生额：本期债务增加或债权减少
期末余额：债权大于债务的结存数	期末余额：债务大于债权的结存数

调整账户

备抵调整账户是用来抵减被调整账户的余额，以求得被调整账户实际余额的账户，包括资产类备抵账户和所有者权益类备抵账户。其主要特点是：被调整账户实际余额=被调整账户余额，备抵调整账户余额调整账户与被调整账户的余额方向一定相反。

附加调整账户是用来增加被调整账户的余额，以求得所需要的被调整账户的实际余额的账户，其主要特点是：被调整账户实际余额=被调整账户余额+附加调整账户余额，被调整账户的余额同附加调整账户的余额在同一方向。

备抵附加调整账户既是备抵调整账户，又是附加调整账户。当其余额所在的方向与被调整账户余额的方向不一致时，它就是备抵调整账户；当其余额与被调整账户余额方向一致时，它就是附加调整账户，具体包括材料成本差异账户。

资产类备抵账户

原值	抵减额	净值
应收账款	坏账准备	应收账款净值
原材料、产成品等	存货跌价准备	存货净值
持有至到期投资	持有至到期投资减值准备	持有至到期投资净值
长期股权投资	长期股权投资跌价准备	长期股权投资净值
无形资产	无形资产减值准备	无形资产净值
在建工程	在建工程减值准备	在建工程净值
固定资产	固定资产减值准备、累计折旧	固定资产净值

所有者权益类备抵账户

本年利润（被调整账户）		所得税（抵减账户）		利润分配（抵减账户）	
借方	贷方	借方	贷方	借方	贷方
（2）转来	余额：本年利润累计数额（1）	余额：已计提的所得税（2）		余额：已分配的利润数（3）	（4）转来
	余额：本年可供分配的利润 （4）=（1）-（2）				余额：本年未分配的利润（5） （5）=（4）-（3）

备抵附加调整账户

原材料（平时计划成本计价，是被调整账户）		材料成本差异（调整账户）
实际成本＞计划成本	超支差	是原材料账户的附加调整账户
计划成本＞实际成本	节约差	是原材料账户的备抵调整账户

集合分配账户

集合分配账户是用来汇集和分配经营过程中某一阶段所发生的某种费用，借以反映和考核有关费用计划执行情况以及费用分配情况的账户，具体包括“制造费用”账户。其主要特点是借方登记费用的发生数，贷方登记费用的分配数。这是一种过渡性账户，费用经分配结转后，通常本类账户期末无余额。

集合分配账户

借方　　集合分配账户　　贷方

借方	贷方
本期发生额：归集生产经营过程中某种费用的本期发生额	本期发生额：本期分配到有关成本计算对象上的费用数
期末：一般无余额	

成本计算账户

成本计算账户是用来核算和监督经营过程中某一阶段的全部费用并直接确定各成本计算对象实际成本的账户，包括“材料采购”“生产成本”“委托加工材料”“在建工程”等账户。其主要特点是借方登记计入特定对象成本的全部费用，贷方登记转出的实际成本，如果成本计算对象在一定时期内全部完成，则这个账户无余额；如果尚未全部完成，则这个账户有余额。它既提供实物指标，又提供货币指标。

成本计算账户

借方　　成本计算账户　　贷方

借方	贷方
期初余额：期初在产品和半成品的成本 本期发生额：汇集本期经营过程中的全部费用	本期发生额：转出的本期完工产品的实际成本
期末余额：期末在产品和半成品的成本	

跨期摊提账户

跨期摊提账户是用来核算和监督那些应由若干个相连接的会计期间共同分摊的收益或费用，从而正确计算各会计期间成本和盈亏的账户，按其性质不同又分为：递延性质的跨期摊提账户、应计性质的跨期摊提账户。

递延性质的跨期摊提账户

借方　　递延性质的跨期摊提账户　　贷方

借方	贷方
期初余额：期初未分摊数额	
发生额：本期发生费用数额 期末余额：期末未分摊数额	发生额：本期分摊数额

应计性质的跨期摊提账户

借方　　应计性质的跨期摊提账户　　贷方

借方	贷方
	期初余额：本期已提取而尚未支付数额 发生额：本期提取数额
发生额：本期实际支付数额	期末余额：本期已提取但尚未支付费用

财务成果账户

财务成果账户也称计价对比账户，是用来对某项经济业务在账户左右两方，按照两种不同的计价进行对比核算，借以确定其业务成果的账户，包括“本年利润”账户、“材料采购”账户（计划成本核算）、“生产成本”账户（计划成本核算）。其主要特点是年度内每期期末都有余额，贷方余额为净利润，借方余额为亏损；年度终了，将本年实现的净利润或亏损总额全部转入“利润分配”账户，年末，本账户无余额。

计价对比账户（财务成果账户）

借方　　计价对比账户（财务成果账户）　　贷方

借方	贷方
本期发生额：本期转入的主营业务成本、营业外支出、管理费用等	本期发生额：本期转入的主营业务收入、营业外收入、投资净收益等
期末余额在借方：亏损数	期末余额在贷方：盈利数

损益类账户

损益类账户是用来核算和监督各项收益或损失，并借以确定一定期间经营成果的账户。该账户按其性质和经济内容的不同又具体划分为收入及利得账户和费用及损失账户两类。

收入及利得账户具体包括“主营业务收入”“其他业务收入”“营业外收入”“投资收益”“公允价值变动损益”等账户。其主要特点是所有收入及利得账户贷方都登记收入的增加数，借方登记收入的减少或转销数。收入结转后，本账户期末无余额。

费用及损失账户具体包括“主要业务成本”“主营业务税金及附加”“其他业务支出”“营业费用”“管理费用”“财务费用”“营业外支出”“所得税”“资产减值损失”等账户，其主要特点是所有费用账户的借方都登记费用（支出）的增加，贷方登记费用（支出）的结转数。当费用（支出）结转后，该账户无余额。

收入账户

借方　　收入账户　　贷方

借方	贷方
发生额：本期收入的减少数或期末转入“本年利润”账户的收入数	发生额：本期取得的收入数
	期末无余额

费用账户

借方　　费用账户　　贷方

借方	贷方
发生额：本期发生的费用数	发生额：期末转入“本年利润”账户的费用数
期末无余额	

第3章

新建账簿

随着我国社会主义市场经济的迅速发展，各种企业如雨后春笋般勃然而兴，但“兵马未动，粮草先行”，任何企业在成立初始都面临建账的问题。所谓建账，就是根据企业具体行业要求和将来可能发生的会计业务情况，购置所需要的账簿，然后根据企业日常发生的业务情况和会计处理程序登记账簿。随着会计年度的终了，本年度的账簿也应更换为次年度新账簿。

本章教你：

- 新建企业必建的账簿
- 年初必须新建的账簿
- 可跨年度使用的账簿
- 新账簿的启用
- 账簿的交接

新建企业必须建立的账簿

“早晨起来七件事，柴米油盐酱醋茶”，开门七件事是古代中国的平民百姓每天都要为之奔波的。一个新建立的企业也如一个家庭，需要诸多条件才能运作，新建账簿就是其中一项必备要求。

企业建账时要考虑的问题

企业从事的经济业务不同，所需要建立的账簿也就不同，但不论何类企业，在建账时都要考虑以下几个问题。

Tips

现金日记账和银行存款日记账均应使用订本账。根据单位业务量大小，可以选择购买100页的或200页的。

（1）与企业业务量相适应。

企业规模与业务量是成正比的，规模大的企业，业务量大，分工也复杂，会计账簿需要的品种就多；企业规模小，业务量也小，会计账簿需要的品种就少。有的企业，一个会计可以处理所有的经济业务，所以没有必要设多余的账簿，所有的明细账合成一两本即可。

（2）依据企业管理需要。

建立账簿是为了满足企业管理需要，为管理提供有用的会计信息，所以在建账时要以满足管理需要为前提，避免重复设账、记账。

（3）依据账务处理程序。

根据企业业务量大小不同，所采用的账务处理程序也要有所不同。企业一旦确定账务处理程序，就相当于选择了账簿的设置。例如，如果企业采用的是记账凭证账务处理程序，企业的总账就要根据记账凭证序时登记，会计人员就要准备一本序时登记的总账。

新建企业必须准备现金和银行存款日记账及设置相关的总账和明细账。对于现金日记账，一般企业只设1本。但若有外币，则应就不同的币种分设现金日记账。对于银行存款日记账，一般应根据每个银行账号

总分类账簿使用登记表

总分类账簿使用登记表

<table>
<tr><td colspan="2">单位名称</td><td colspan="4"></td><td colspan="3">印鉴</td></tr>
<tr><td colspan="2">账簿编号</td><td colspan="4"></td><td colspan="3" rowspan="7"></td></tr>
<tr><td colspan="2">账簿页数</td><td colspan="4"></td></tr>
<tr><td colspan="2">启用日期</td><td colspan="4"></td></tr>
<tr><td colspan="2">截止日期</td><td colspan="4"></td></tr>
<tr><td colspan="2">责任人</td><td>出纳</td><td>审核</td><td>主管</td><td>部门领导</td></tr>
<tr><td colspan="2">姓名</td><td></td><td></td><td></td><td></td></tr>
<tr><td colspan="2">盖章</td><td></td><td></td><td></td><td></td></tr>
<tr><td colspan="9">交接记录</td></tr>
<tr><td rowspan="2">姓名</td><td colspan="4" rowspan="2">交接日期</td><td colspan="2" rowspan="2">交接盖章</td><td colspan="2">监交人员</td></tr>
<tr><td>职务</td><td>姓名</td></tr>
<tr><td rowspan="2"></td><td colspan="4">经管　　　年　月　日</td><td colspan="2"></td><td></td><td></td></tr>
<tr><td colspan="4">交出　　　年　月　日</td><td colspan="2"></td><td></td><td></td></tr>
<tr><td rowspan="2"></td><td colspan="4">经管　　　年　月　日</td><td colspan="2"></td><td></td><td></td></tr>
<tr><td colspan="4">交出　　　年　月　日</td><td colspan="2"></td><td></td><td></td></tr>
<tr><td rowspan="2"></td><td colspan="4">经管　　　年　月　日</td><td colspan="2"></td><td></td><td></td></tr>
<tr><td colspan="4">交出　　　年　月　日</td><td colspan="2"></td><td></td><td></td></tr>
<tr><td rowspan="2"></td><td colspan="4">经管　　　年　月　日</td><td colspan="2"></td><td></td><td></td></tr>
<tr><td colspan="4">交出　　　年　月　日</td><td colspan="2"></td><td></td><td></td></tr>
<tr><td>印花税票</td><td colspan="8"></td></tr>
</table>

单独设立1本账。如企业只设了基本账户，则设1本银行存款日记账。

对于总分类账，一般企业只设1本。外形使用订本账，根据单位业务量大小可以选择购买100页的或200页的。这1本总分类账包含企业所设置的全部账户的总括信息。

明细分类账可采用活页形式。存货类的明细账要用数量金额式的账页；收入、费用、成本类的明细账要用多栏式的账页；应交增值税的明细账要单有账页；其他的基本全用三栏式账页。因此，企业需要分别购买这4种账页，数量的多少应该根据单位业务量等情况而定。

新建企业必须填制的账簿

根据《中华人民共和国公司法》《中华人民共和国会计法》等法律法规的规定，企业在成立后即应建账、建制。新建企业可以参照《企业会计准则应用指南》中的会计科目，结合自己单位所属行业及企业管理需要，依次从资产类、负债类、所有者权益类、成本类、损益类中选择应设置的会计科目。

新建企业必须填制的账簿内容有：

（1）封皮。

（2）扉页，或使用登记表，明细账中称经管人员一览表。

①单位或使用者名称，即会计主体名称，与公章内容一致。

②印鉴，即单位公章。

③使用账簿页数，在本年度结束（12月31日）时据实填写。

④经管人员，盖相关人员人名章。更换记账人员时，应在交接记录中填写交接人员姓名、经管及交出时间和监交人员职务、姓名。

⑤粘贴印花税票并画双横线，除实收资本、资本公积按

Tips

无期初余额时，现金和银行存款日记账不用对账页特别设置。

万分之五贴花之外，其他账簿均按每本 5 元贴花。另外，还需在经管人员一览表中填列账簿名称。

（3）总分类账的账户目录。

总分类账外形采用订本式，印刷时已事先在每页的左上角或右上角印好页码。但由于所有账户均须在一本总账上体现，故应给每个账户预先留好页码。

（4）账页。

①总账账页，按会计科目表的顺序把所需会计科目名称写在左上角或右上角的横线上。

②明细账账页，按会计科目表的顺序把所需会计科目名称写在账簿中间的横线上，把根据企业具体情况分别设置的明细科目名称写在左上角、右上角的横线上。

另外，对于成本、收入、费用类明细账，还需以多栏式分项目列示，如“管理费用”借方要分成办公费、交通费、电话费、水电费、工资等项，具体按企业管理需要的项目列示，不同企业可能有所不同。

新建单位建账的时间是单位会计人员走马上任的时间，可能不是在年初。财务会计部门建账时，只是把企业筹建过程发生的经济业务不断地反映在账簿之中，只有在单位产生业务活动后，才转为单位正常会计核算方式。因此，新建单位的建账过程分为两个阶段：一是筹建阶段的建账；二是转为开展业务活动阶段的建账。

单位筹建阶段的建账

会计人员要注意单位筹建阶段与营业阶段的业务在时间上是能够分清的。虽然，在实际工作中，会计人员的上岗与单位筹建不能同步，甚至是等到单位筹建到一定阶段，管理人员才聘请会计专业人员进行会计核算活动，才想到把有关的原始凭证转到会计人员手里，要求建账。

由于单位筹建一般要经过投资（通过中介机构验资）、取得资质（取得监管部门批准的营业许可证书，如图书经销公司要取得图书发行许可证、饭店要取得卫生许可证书等）、申请营业执照（到工商行政管理部门办理）、取得登记证（到国税局或地税局办理）、银行开户等诸多步骤。因此，单位会计人员基本上也是围绕上述活动建账和进行会计核算的。

单位转为正常业务活动时的建账

单位办齐有关证件之后，发生经营收入，才能开收款。单位有了正常的经营收入后的当月，按照会计制度，企业应将长期待摊费用账户归集的费用一次性转入管理费用账户。同时，企业还应建立财务费用账户和销售费用账户。当然，企业是否将管理费用账户、财务费用账户和销售费用账户全部建齐，应根据单位性质、发生经济业务情况而定。例如，小型商品流通企业可以不设置管理费用账户，而将管理费用账户并入营业费用账户核算；小型制造企业也可以不设置生产成本账户和制造费用账户，而把二者合并成一个账户。

编制财务会计报告

单位有了营业活动后，不论是否盈利，都要按月编制财务会计报告，进行纳税申报。因此，月末，会计人员应根据会计凭证编制试算平衡表。在此基础上，还要编制财务会计报告，进行正常的会计核算活动。

年初必须新建的账簿

在运行了一个会计年度后，有些业务多而复杂的企业账簿已经达到限度，再加上我国相关会计法律法规的规定，对有些账簿必须加以新建、更换。

企业年初新建账簿

企业成立第二年及以后，年初建账，总账、日记账和多数明细账应每年更换一次，即新的年度开始时都需要重新建账。重新建账的具体做法如下：

Tips

企业所建的账簿必须准确无误，这样才能产生正确的结论。

（1）根据所需购买总账、两本日记账，设置明细账。

（2）填制账簿内容。

①封皮。

②扉页，或使用登记表，明细账中称经管人员一览表。

③总分类账的账户目录。

④账页。

会计循环流程图

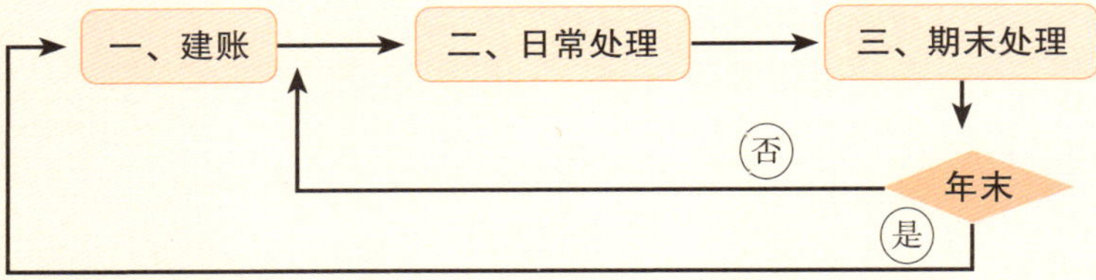

设置账本，登记期初余额

①会计主体设立时从事生产、经营的企业应自领取营业执照之日起 15 日内设置账簿。

②在一个会计年度结束，新会计年度开始时，更换旧账簿，设置辨析账簿。

①由相关业务人员填制或取得原始凭证。

②由会计人员对原始凭证审核无误后，据以编制记账凭证。

③采用一定的方法和程序记入日记账、明细账和总分类账。

①根据权责发生制原则，对本期的收入和费用进行调整。

②计算并结转存货出入库成本。

③根据会计分期假设的要求，结转损益，确认本期财务成果。

④在对账无误后，进行结账并根据相关账簿记录编制会计报表。

可以跨年度使用的账簿

一般来说，总账、日记账和多数的明细账应每年更换一次，但有些账簿因更换新账时抄写工作量较大，故可以跨年使用。同时，卡片账应跨年使用，活页账则应视情况而定。

跨年使用的账簿

跨年使用的账簿有：

（1）卡片式账簿。

如固定资产卡片等。

（2）数量金额式明细账。

如仓库保管员登记的数量金额式材料明细账、库存商品明细账等。

（3）债权债务明细账，也称往来明细账。

（4）备查账。

如租入固定资产备查账，受托加工材料物资备查账等。

Tips

实行会计电算化的单位，应当保存打印出的纸质会计账簿。具备采用磁性介质保存会计账簿条件的单位，应备份后将保存在磁性介质上的会计账簿数据连同纸质会计账簿一并保管，无须更换会计账簿。

这些账簿主要记录跨年租赁业务或受托加工业务的会计信息，为便于管理，该类账簿可以连续使用。

卡片式账簿

卡片式账簿，简称卡片账。是指由某些专门格式的、分散的硬纸卡片作为账页组成的账簿。

卡片账通常放置于专设的卡片箱中，数量可根据经济业务的需要随时增添，如固定资产卡片账、周转材料卡片账等。

卡片账一般适用于记录的内容详细具体、账页需要随着物资使用或存放地点的转移而重新排列的明细账。

Tips

跨年度使用的账簿，可以为公司节省一笔费用哦！

卡片账可以跨年度连续使用，而无须更换账页，这也便于分类汇总或根据管理的需要转移卡片。

在所记财产报废清理后或办理完转让手续时，应抽出卡片账，将其作为会计档案另行保管，保管时间不能低于 5 年。

活页式账簿

活页式账簿，简称活页账，是指单位将账页装在账夹内，用绳带或螺钉固定，便于随时取放的账簿。在启用前，活页账没有编写账页页码。在使用过程中，记账人员将各张账页置放在活页账夹内，并拴扎成册。

与订本账相比，这类账簿，可以根据需要增减账页，不会造成浪费，使用比较灵活，便于分工记账。活页账一般适应于明细分类账的登记，如上文提到过的数量金额式明细账、债权债务明细账等。

年度终了，会计人员应根据需要对活页账进行更换。例如，损益类账簿、各种期间费用明细账、收入明细账等账簿，原则上一年更换一次，不必跨年使用。也就是说，有些账簿虽然在形式上是活页账，但是也必须更换。如对于部分财产物资明细账簿，因记录财产物资品种少、规格单一，应在每年年终按规定办理结账手续后，更换、启用新账簿，将其余额结转记入新账簿中。

对于所记财产物资品种、规格繁多的材料明细账簿以及债权债务单位较多的往来账簿，如果更换新账，重抄的工作量大，容易改变所记的内容，所以这类账簿可以跨年使用。

可跨年使用的固定资产卡片式账簿

固定资产卡片　（设备）

出口部门：________
卡片编号：________
固定资产类别：________

<table>
<tr><td>固定资产来源</td><td colspan="3"></td><td colspan="3">固定资产编号</td><td colspan="2"></td></tr>
<tr><td>制造厂名</td><td colspan="3"></td><td colspan="3">固定资产名称</td><td colspan="2"></td></tr>
<tr><td>出厂日期</td><td colspan="3"></td><td colspan="3">型号规格特征</td><td colspan="2"></td></tr>
<tr><td>构建提交日期</td><td colspan="3"></td><td colspan="3">计量单位</td><td colspan="2"></td></tr>
<tr><td>安装地点</td><td colspan="3"></td><td colspan="3">原值</td><td colspan="2">¥</td></tr>
<tr><td colspan="4">附　属　设　备</td><td colspan="3">其中：安装费</td><td colspan="2">¥</td></tr>
<tr><td>名　称　规　格</td><td>数量</td><td>单位</td><td>金　额</td><td colspan="5">原　值　变　动　记　录</td></tr>
<tr><td></td><td></td><td></td><td></td><td>日期</td><td>凭证</td><td>摘　要</td><td>增或减金额</td><td>变动后金额</td></tr>
<tr><td></td><td></td><td></td><td></td><td></td><td></td><td></td><td></td><td></td></tr>
<tr><td></td><td></td><td></td><td></td><td></td><td></td><td></td><td></td><td></td></tr>
<tr><td></td><td></td><td></td><td></td><td></td><td></td><td></td><td></td><td></td></tr>
<tr><td></td><td></td><td></td><td></td><td></td><td></td><td></td><td></td><td></td></tr>
<tr><td></td><td></td><td></td><td></td><td></td><td></td><td></td><td></td><td></td></tr>
<tr><td></td><td></td><td></td><td></td><td></td><td></td><td></td><td></td><td></td></tr>
<tr><td></td><td></td><td></td><td></td><td></td><td></td><td></td><td></td><td></td></tr>
</table>

本卡一式三份，由企业财会、出口管理、使用部门各设一份。

More

财产物资明细账和债权债务明细账，如固定资产、原材料、应收账款、应付账款等，由于材料品种、规格和往来单位较多，更换新账时抄写工作量大，所以可以跨年使用。另外，各种备查账簿也可以连续使用。

新账簿的启用

账簿的启用，是指在新的会计年度开始时，或者会计人员进行交接时，启用全新的账簿以结转清楚、明确责任。为了保证账簿记录的合法性，明确记账责任，在启用账簿时，要填写账簿首页的“账簿启用表”。

账簿的启用

账簿启用中经常出现的错误主要是账簿封面及扉页上所列项目未填写或填写不全，故无法明确有关责任，继而掩盖在职期间的有关非法行为。有效避免此类错误的方法是审阅账簿封面及扉页是否登记齐全，只要应该登记的项目齐全即可。

Tips

账簿的真正价值不在于价格，而在于对一个公司的重要性。

为了保证账簿记录的合法性，明确记账责任，应在账簿的首页附“账簿启用表”。其内容包括启用日期、账簿名称、账簿编号、账簿页数、记账人员和会计主管人员姓名，并加盖单位公章和会计主管及记账人员人名章。

账簿启用表的填写步骤

账簿启用时，需要填写账簿启用表，其填写步骤如下：

（1）在账簿启用表中填写单位名称。

需要在账簿启用表中填写单位的全称，并加盖公章。

（2）填写账簿名称。

账簿名称一般包括两个方面：一是账簿的名称；二是册数。

如果有些企业应收账款单位很多，那么就可能出现第二册、第三册，甚至可能更多。

（3）填写账簿号码及账簿的总页数。

一般企业的账簿都会根据相关规则进行编号，以方便登记和管理，所以需要在账簿首页填写编号，以方便日后查找。一般来说，账簿的号码还会贴在账簿的封面和脊部，以便账簿在文档柜竖立放置时查找。

（4）填写账簿页数。

对于订本账簿而言，页数一般是固定的，即固定为200页，而活页账簿，由于可能会存在增减页数的情况，所以此处可以先不填写。

（5）填写启用日期。

账簿的启用日期，一般就是账簿的实际启用日期，即什么时候使用账簿记账，当天的日期就是账簿的启用日期。

（6）填写单位主管人员的姓名并盖章。

（7）填写经管人员姓名、职务并盖章。

如有会计人员调动，则需要在账簿启用表下方的经管本账簿人员一览表处填写交接日期、监交人及交接双方签名签章。

（8）贴印花税票。

根据印花税法的规定，印花税必须在账簿启用的当月贴花，逾期贴花加收滞纳金，但不会罚款。

More

启用新的会计账簿时，应当在账簿封面上写明单位名称和账簿名称，并填写账簿扉页上的启用表，以明确责任，维护会计账簿记录的严肃性。

账簿的交接

一个萝卜一个坑，从事某一会计工作的人员一般而言不会随便变动，但是并不意味着不会发生人员变动。当会计人员调整时，由离职会计将有关工作和各项会计资料交给继任者的过程叫会计交接，账簿的交接是会计交接的重要内容。

账簿交接的要求

会计人员离职前，必须将本人经管的会计工作，在规定的期限内，全部向接管人员移交清楚。接管人员应认真按照移交清册逐项点收，具体要求是：

（1）现金要根据会计账簿记录余额进行当面点交，不得短缺。当接管人员发现有不一致或“白条抵库”现象时，移交人员在规定期限内必须负责查清处理。

（2）有价证券的数量要与会计账簿记录一致，当发现有价证券面额与发行价不一致时，要按照会计账簿余额交接。

（3）会计凭证、会计账簿、财务会计报告和其他会计资料必须完整无缺，不得遗漏。如有短缺，必须查清原因，并在移交清册中加以说明，由移交人负责。

（4）银行存款账户余额要与银行对账单核对相符，如有未达账项，应编制银行存款余额调节表调节相符；各种财产物资和债权债务的明细账户余额，要与总账有关账户的余额核对相符；对重要实物要实地盘点，对余额较大的往来账户要与往来单位、个人核对。

（5）公章、收据、空白支票、发票、科目印章以及其他物品等必须交接清楚。

（6）实行会计电算化的单位，交接双方应在计算机上对有关数据进行实际操作，在确认有关数字正确无误后，方可交接。

为了明确责任，会计人员办理工作交接时，必须有专人负责监交。监交可以保证双方都按照国家有关规定认真办理交接手续，防止流于形式；保证会计工作不因人员变动而受影响；保证交接双方处在平等的法律地位上享有权利和承担义务，不允许任何一方以大压小，以强凌弱，或采取非法手段进行威胁。移交清册应当经过监交人员审查和签名、盖章，作为交接双方明确责任的证件。

账簿交接的善后工作

账簿交接完成并不意味着交接工作到此为止，会计人员还要做好以下善后工作：

（1）会计工作交接完毕后，交接双方和监交人在移交清册上签名或

账簿交接工作流程图

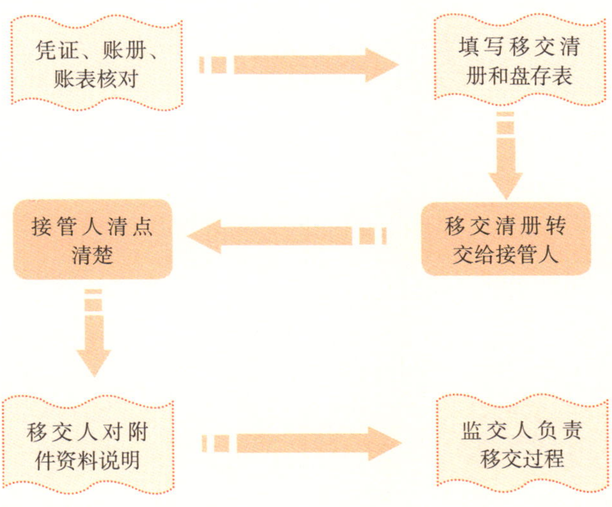

盖章，并应在移交清册上注明：单位名称，交接日期，交接双方和监交人的职务、姓名，移交清册页数以及需要说明的问题和意见等。

（2）接管人员应继续使用移交前的账簿，不得擅自另立账簿，以保证会计记录前后衔接、内容完整。

（3）移交清册一般应填制一式三份，交接双方各执一份，存档一份。

More

账簿启用和交接要办理会计交接手续，即由经管日记账和登记日记账的出纳人员在账簿的有关栏目中签名盖章，注明其会计责任及期限的各项专业手续。

第4章

会计凭证

本章教你：

- ►会计凭证
- ►原始凭证
- ►审核原始凭证
- ►记账凭证
- ►填制记账凭证
- ►会计凭证的传递和保管

在日常生活中，我们经常听到这样一句话："空口无凭"。在法律案件中，我们也不难发现"以事实为根据"的原则。在会计工作中，会计凭证就是记录经济业务的发生和完成情况，明确经济责任的书面证明，是登记账簿的重要依据。没有会计凭证，就会使会计人员的工作成果无据可依，难以服众。《周礼·小司徒》记载"凡民讼，以地比正之。地讼，以图正之"，其中，"民讼，以地比"即邻居正之，"地讼，以图"即地契正之。可以说，会计凭证就如法律案件中的证据一样重要。

会计凭证的作用

现在是法制社会，凡事口说无凭，一定要有证据。比如，我们去商场买东西，商场会提供购物小票，这就是我们在商场购物的凭证；我们交电话费，收费单位会提供话费清单，这是证明话费结清的凭证；乘坐公交车，我们会索要车票，这是我们乘车的凭证；等等。在会计工作上，如果会计主体是我们个人，以上这些就叫作会计凭证。

会计凭证的作用

会计凭证是记录经济业务的发生和完成情况，明确经济责任的书面证明，是登记账簿的重要依据。

Tips

任何会计凭证都必须按照企业会计制度规定的有关事项进行严格审核并确认无误后，才能将其作为记账的依据。

所有经济单位发生任何一项经济业务，都要以书面的形式记录和证明所发生经济业务的内容、性质、数量、金额等，并在凭证上签名或者盖章；都要办理凭证手续，由经办此项业务的相关人员运用会计凭证说明其所办业务的内容和数量，并在凭证上签名或盖章，对凭证的真实性和正确性负全部责任；若无凭证，企业的一切经济活动，都将失去经济业务发生的书面证明，会计就不易对企业经济活动进行监督和管理。

企业通过会计凭证把各种经济活动的原始数据汇集到会计部门，使会计凭证变成会计管理的一个网络。发挥会计凭证的作用，可控制、协调、制约企业的各种经济活动。

为了更好地发挥会计凭证的作用，完成会计核算的任务和会计凭证的填制与审核，企业必须按照管理和核算的要求，准确制订好各种会计凭证，并规定其传递程序。这不仅是会计工作的重要内容，也是会计核算的起点。

会计凭证作用

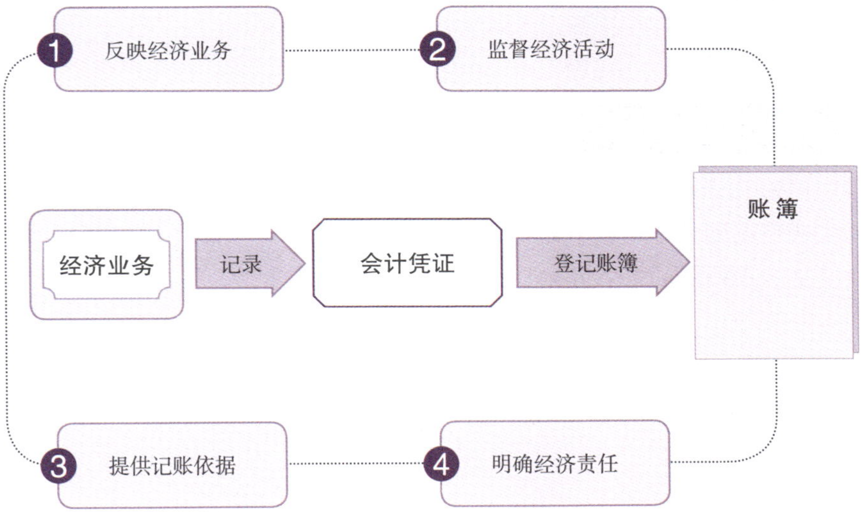

More

会计凭证可以记录经济业务的发生和完成情况，为会计核算提供原始依据；可以检查经济业务的真实性、合法性和合理性，为会计监督提供重要依据；可以明确经济责任，为落实岗位责任制提供重要文件；可以反映相关经济利益关系，为维护合法权益提供法律证据；可以监督经济活动，控制经济运行。

原始凭证

只有发票和收款证明相结合才能成为已偿还货款的证据，所以“收款证明”才是债务人偿还债务的证据。在实际交易中，仅拿发票当付款凭证的做法太普遍了，可一旦有了纠纷，发票的证明力就弱了，这是件非常麻烦的事情。因此，各位从事财务工作的人员要格外小心，切记各种原始凭证也具有自己的局限性和不足。

什么是原始凭证

原始凭证是在经济业务发生或完成时取得或填制的、载明业务内容和完成情况的证明文件，是进行会计核算的原始资料和主要依据。原始凭证是会计核算的起点和基础，是记账的原始依据。

原始凭证

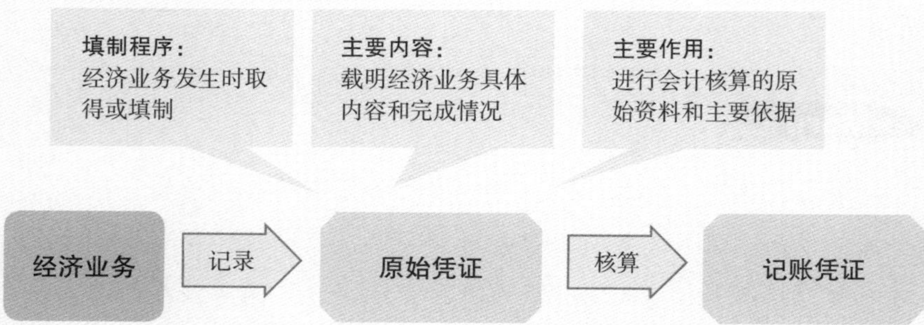

原始凭证的分类

原始凭证按来源渠道不同，可分为自制原始凭证和外来原始凭证。自制原始凭证是指在经济业务发生或完成时，由本单位有关部门或人员填制的原始凭证，如材料入库的收料单、工资结算单、制造费用分配表等。外来原始凭证是指在经济业务发生或完成时，从其他单位或个人取得的原始凭证。如购买材料时从供货方取得的发货单、出差时取得的火车票、银行代付款项的付款通知单等。

原始凭证种类

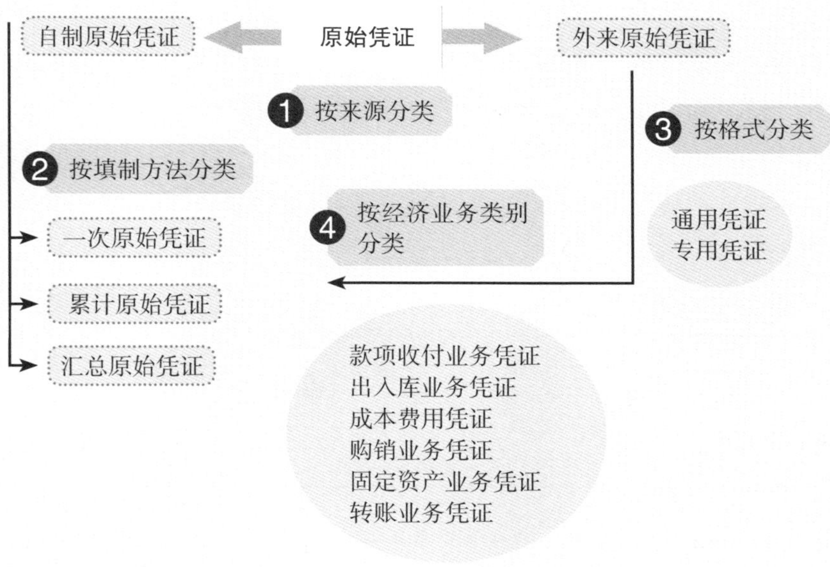

原始凭证按使用范围不同可分为通用凭证和专用凭证。通用原始凭证是指在全国或某一地区统一格式和使用方法的原始凭证，如增值税专用发票、由中国人民银行统一制订的托收承付结算凭证等。专用原始凭证是指各单位根据其自身特点规定其格式和使用方法，且仅限于本单位内部使用的原始凭证，如借款单、差旅费报销单等。

原始凭证按照填制手续和内容的不同，分为一次凭证、累计凭证和汇总凭证 3 类。一次凭证是指一次性填制完成的，只记录一笔经济业务的原始凭证，例如，收据、领料单、借款单、银行结算凭证等。一次凭证是一次有效的凭证。累计凭证是指在一定时期内多次累计记录发生的同类型经济业务的原始凭证。累计凭证的特点是在一张凭证内可以连续登记相同性质的经济业务，随时结出累计数以及结余数，并按照企业内部规定的费用限额进行费用的控制，期末按照实际发生额来记账。累计凭证是多次有效的原始凭证，具有代表性的累计凭证是限额领料单。汇总凭证是指将一段时期内发生的相同的经济业务进行汇总的凭证，汇总原始凭证时，对同类型经济业务进行了合并，从而可以有效地简化记账的工作量。常用的汇总原始凭证有工资结算汇总表、发出材料汇总表、差旅费报销单等。

Tips

经济越发展，会计越重要，作为经济管理工作的基石——会计原始凭证更加重要。

一次原始凭证

领　　料　　单

领料单位：第一车间　　　　　　　　　　　　　　凭证编号 :0010

用途：生产 A 产品　　　　20×× 年 2 月 3 日　　　　仓库 :2 号

材料类别	材料编号	材料名称	规格	计量单位	数量		单价	金额
					请领	实领		
型钢	0345	圆钢	25mm	公斤	1 500	1 500	4.40	6 600
型钢	0348	圆钢	10mm	公斤	1 000	1 000	4.40	4 400
合计					2 500	2 500	4.40	11 000

发料 姜同　　领料 王立　　领料单位负责人 刘宁　　记账 赵东

累计原始凭证

限 额 领 料 单

领料单位：生产车间　　　　　　　　　　　　　发料仓库 :2 号

用途 :B 产品生产　　　　20×× 年 2 月　　　　编号 :008

材料类别	材料编号	材料名称及规格	计量单位	领料限额	实际领用	单价	金额	备注
型钢	0348	圆钢 ф10mm	公斤	500	480	4.40	2112	

日期	请领		实　发			限额结余	退库单	
	数量	签章	数量	发料人	领料人		数量	退库单
2.3	200		200	姜同	王立	300		
2.12	100		100	姜同	王立	200		
2.20	180		180	姜同	王立	20		
合计	480		480			20		

供应部门负责人 李微　　生产计划部门负责人 佟伟　　仓库负责人签章 刘俊

汇总原始凭证

银行存款等：××× | ××× → 制造费用：平时发生数 1 400 | 月末分配数 14 000 → 生产成本：××× |

制 造 费 用 分 配 表

20×× 年 2 月

会计科目		生产工时	分配率	分配金额
生产成本	甲产品	2 000	4	8 000
	乙产品	1 500	4	6 000
合计		3 500		14 000

会计主管 李鸣　　复核 张满　　制表 曲信

原始凭证按照经济业务的类别不同，分为以下6类。

（1）款项收付业务凭证，是指记录银行存款和现金收付业务的原始凭证。例如，现金借款单、现金收据、支出凭单、零星购物发票、车船机票、银行支票、付款委托书等。

（2）出入库业务凭证，是指记录原材料、产成品出库、入库等情况的原始凭证。这类凭证既可以是一次性凭证，也可以是累计凭证。例如，入库单、出库单、领料单、提货单等。

（3）成本费用凭证，是指记录生产产品费用的发生以及分配情况的原始凭证。这类凭证大多是企业内部自制的凭证。例如，工资费用汇总表、折旧费用分配表、制造费用分配表、产品成本计算单等。

（4）购销业务凭证，是指记录材料采购或者劳务供应、产成品（商品）或者劳务销售情况的原始凭证，前者为外来的凭证，后者为自制的凭证。例如，提货单、发货单、交款单、运费单据等。

（5）固定资产业务凭证，是指记录固定资产购置、调拨、报废和盘盈、盘亏业务的原始凭证。例如，固定资产调拨单、固定资产移交清册、固定资产报废单和盘盈、盘亏报告单等。

（6）转账业务凭证，是指会计期间终了，为了结平收入和支出等账户，计算并结转成本以及当期利润等，由会计人员根据会计账簿记录进行整理和制作的原始凭证。这类原始凭证没有固定格式，但需要注明制单人，并由会计主管签章。

Tips

原始凭证是具有法律效力的证明文件。

原始凭证的基本内容

由于经济业务的多样化，用来记录经济业务的原始凭证在名称、内容、格式等方面是不拘一格的。但是，任何一张原始凭证都必须同时具备一些相同的内容，这些内容被称为原始凭证的基本内容或基本要素。原始凭证的基本内容包括以下几个方面：

（1）原始凭证的名称及编号。

（2）填制原始凭证的日期。

（3）接受原始凭证的单位名称。

（4）经济业务内容。

（5）经济业务的单价、数量和金额。

（6）填制单位签章。

（7）有关人员签章。

原始凭证的填制

根据《会计法》和《会计基础工作规范》的规定，取得或填制原始凭证，应符合下列要求：

（1）内容真实可靠。

原始凭证应如实记录经济业务发生的完成情况，不能弄虚作假。

（2）记录完整清晰。

原始凭证上的所有项目必须填写齐全，不得遗漏。年月日要按填制原始凭证的实际日期填写；名称要写全，不能简化；品名或用途要明确，不能含糊；有关人员的签章手续要齐全；各项目要清晰，字迹要工整规范。原始凭证一般用蓝、黑墨水填写，若需填制多联原始凭证，可用蓝、黑色圆珠笔书写，但要注意使各联字迹清晰可认。

（3）填制及时。

经济业务发生时应及时填制，并按规定送交会计机构，由会计部门审核无误后据此编制记账凭证。一般来说，原始凭证送交会计机构的时间最迟不应超过一个会计结算期。

（4）金额准确无误。

①阿拉伯数字应一个一个地写，不能连笔，阿拉伯数字前应加写人民币符号“￥”，该符号与阿拉伯数字之间不能留空白。数字大小以

占横格高度的1/2为宜，且应有一定的斜度（与底平线成60°角）。

②以“元”为单位的阿拉伯数字应填写到角、分，无角、分的，角位和分位可分写“00”或符号“—”；有角无分的，分位应写“0”，不写符号“—”。

③金额大写汉字一律用正楷字或行书写。如：壹、贰、叁、肆、伍、陆、柒、捌、玖、拾、佰、仟、万、亿、元（圆）、角、分、零、整等。

④大写金额数字到元或角为止的，在“元”或“角”字后写“整”或“正”，大写金额数字有“分”的，分字后不写“整”或“正”。

⑤填写大写金额时，若未印好货币名称的，应加填货币名称，且与金额数字之间不能留空白。

⑥阿拉伯数字之间有“0”的，汉字大写金额要写“零”字。如“￥305.00”，汉字大写金额应写成“人民币叁佰零伍元整”。阿拉伯数字中间连续有几个“0”的，汉字大写金额中可以只写一个“零”字。阿拉伯数字元位是“0”或数字中间连续有几个“0”的，元位也是“0”，但角位不是“0”的，汉字大写金额可只写一个“零”字，也可不写“零”字。如“￥68000.30”，可写成“人民币陆万捌仟元叁角整”，也可写成“人民币陆万捌仟零叁角整”。

（5）不得涂改、挖补、刮擦。

如内容有误，应由开具单位重开或按规定更正并在更正处盖公章。如金额有误，则不能更正，只能由原开具单位重开。

（6）签名或盖章。

对外开具原始凭证必须加盖本单位公章；从外单位取得的原始凭证必须加盖填制单位公章；从个人取得原始凭证，必须有填制人的签名或盖章。

填制原始凭证

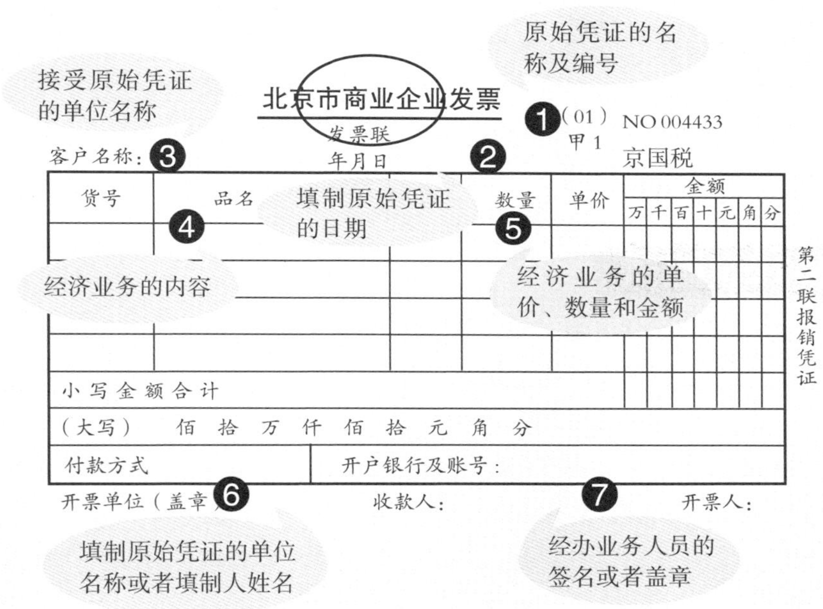
原始凭证的名称及编号
接受原始凭证的单位名称
北京市商业企业发票
发票联
(01)
甲1
NO 004433
京国税
客户名称：
年月日
填制原始凭证的日期
货号
品名
数量
单价
金额
万 千 百 十 元 角 分
经济业务的内容
经济业务的单价、数量和金额
第二联报销凭证
小写金额合计
（大写） 佰 拾 万 仟 佰 拾 元 角 分
付款方式
开户银行及账号：
开票单位（盖章）
收款人：
开票人：
填制原始凭证的单位名称或者填制人姓名
经办业务人员的签名或者盖章

审核原始凭证

随着经济的发展，一些“山寨”版原始凭证悄悄流入会计工作中，再加上部分个人组织的不规范行为，原始凭证的真实性、准确性令人质疑。为了正确反映经济业务的执行和完成情况，发挥会计工作的监督作用，会计人员对各种原始凭证要进行严格的审查和核对。

审核原始凭证

在收到原始凭证后，应对其进行严格的审核，审核程序以及相关的审核制度由企业的会计部门制订，并监督执行。具体包括：

（1）审核原始凭证的真实性。

原始凭证是根据真实的经济业务编制的，必须如实反映经济业务的本来面貌，不得掩盖、歪曲和捏造经济业务。原始凭证作为会计核算的基础信息源，其真实性对会计信息的质量具有至关重要的影响。具体要求如下：

①经济业务的双方当事单位和当事人必须是真实的。

②经济业务发生的时间、地点和填制凭证的日期必须是真实的。

③经济业务的内容必须是真实的。

④经济业务的实物量和价值量必须是真实的。

如果是企业自制的原始凭证，必须由经办部门和经办人员签名或盖章。另外，如果是通用原始凭证，还需审核凭证本身是否真实，以防假冒。

真实性审核

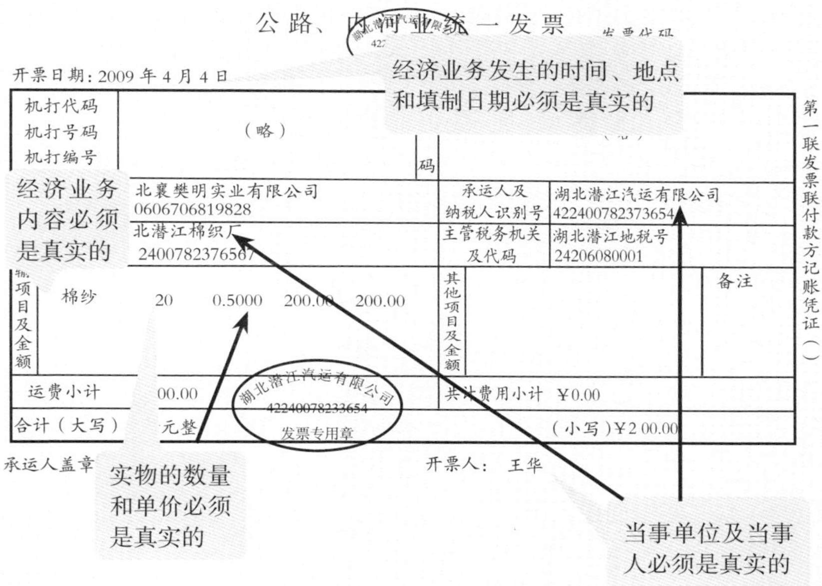

（2）审核原始凭证的合法性。

原始凭证所反映的经济业务必须符合国家政策、法令以及会计法规、制度和预算的规定。具体要求如下：

①不真实的原始凭证，如假发票、假收据、假车票等均是不合法的。

②虽真实但制度不允许报销的原始凭证也是不合法的，如个人因私购买物品、外出旅游而用公款报销等。

③虽能报销，但超过规定比例和限额的部分也是不合法的，如职工出差超标准乘坐交通工具、住宾馆，超标准开支医药费等。

合法性审核

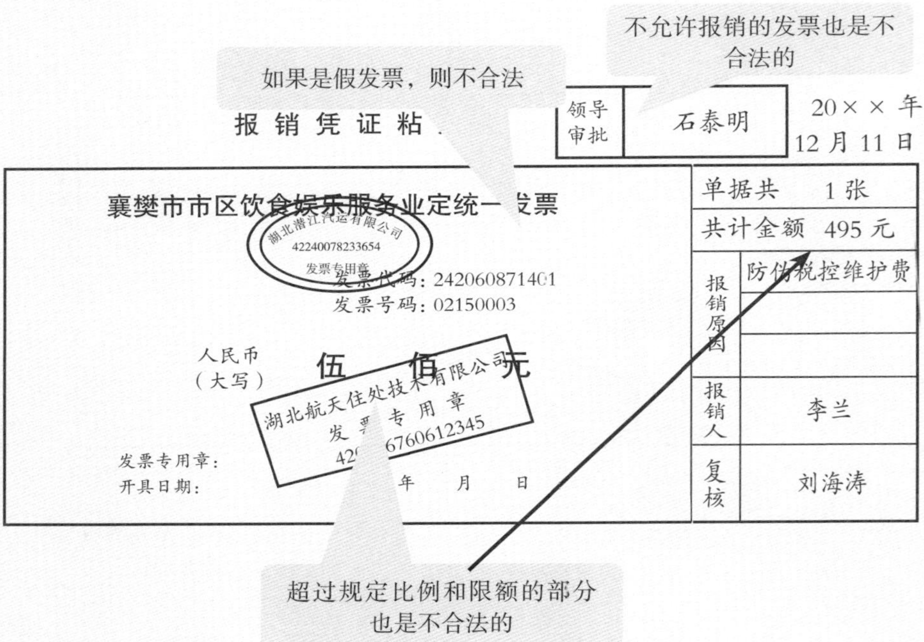

（3）审核原始凭证的完整性。

原始凭证应具备的要素必须完整，手续必须齐全。比如，双方经办人员必须签名或盖章；发票上应该印有税务专用章和财务公章；事业、行政单位收费应该开具财政部门统一印制的收据；购买实物的凭证必须有验收证明或使用证明人签章；支付款项的凭证必须有收款单位或收款人的收款证明；需经领导签名批准的凭证应该有领导人的亲笔签名；填制退货发票退款时，必须取得对方的收款收据或汇款银行的凭证；职工因公出差，应填写正式借据，报销差旅费冲销或归还借款时，应由财会人员另开收据；经过上级批准的经济业务，应将批准文件作为原始凭证附件，若批准文件需单独保管，应在凭证上注明批准机关名称、日期和文件字号；若购买的是专控商品，除了必须通过银行转账、取得汇款凭证、销货发票、本单位验收或使用证明外，还必须附有社会集团购买力专控办公室签发的批文。

完整性审核

内容是否完整，签章是否齐全，手续是否齐备，凭证联次是否正确

湖北省增值税普通发票

42240078233654
发票专用章

发票代码 003456287109
发票号码 0023459

客户名称：个人　　　　2009 年 2 月 5 日

品号及规格化	货物或劳务名称	单位	数量	单价	数量				
					百	十	元	角	分
合计（大写）	壹佰零拾元零角零分￥100.00								

②付款方报销凭证

单位：（盖章）　　　开票人：张福　　　收款人：雷明

（4）审核原始凭证的正确性。

原始凭证的文字表述和数字计算必须准确无误。审核原始凭证各项金额的计算以及填写是否正确，包括阿拉伯数字分位填写，不得连写；小写金额前要加“￥”符号，中间不得留有空位；大写金额前要加“人民币”字样，大写金额和小写金额要相符；原始凭证中如有书写错误的，应当采用所规定的正确方法更正，不能采用涂改、刮擦、挖补等不正确的方法；原始凭证必须使用钢笔或圆珠笔填写；支票必须使用碳素墨水，并且数字不得更正。

正确性审核

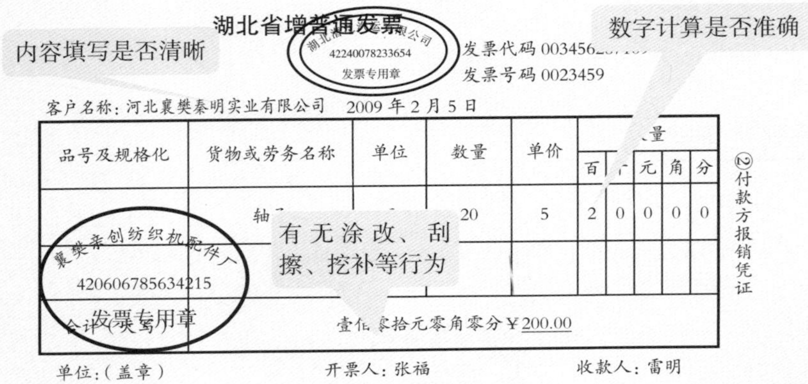

（5）审核原始凭证的合理性。

审核原始凭证所记录经济业务是否符合企业生产经营活动的需要、是否符合企业制订的有关计划及预算等。

（6）审核原始凭证的及时性。

收到原始凭证后，应及时传递，最好不要跨月，不可拖延时间进行传递，否则会影响原始凭证的时效性，从而影响原始凭证的使用。审核时，应当注意审查凭证的填制日期，尤其是支票、银行汇票、银行本票等这些时效性比较强的原始凭证，更应当仔细验证其签发日期。

及时性审核

审核原始凭证的填制日期是否及时，如果经办人员于2012年拿此凭证报账，就没有及时性

湖北省增普通发票

42240078233654
发票专用章

发票代码 003456287109
发票号码 0023459

客户名称：个人　　2009年2月5日

品号及规格化	货物或劳务名称	单位	数量	单价	数量				
					百	十	元	角	分
合计（大写）	壹佰零拾元零角零分￥100.00								

②付款方报销凭证

单位：（盖章）　　开票人：张福　　收款人：雷明

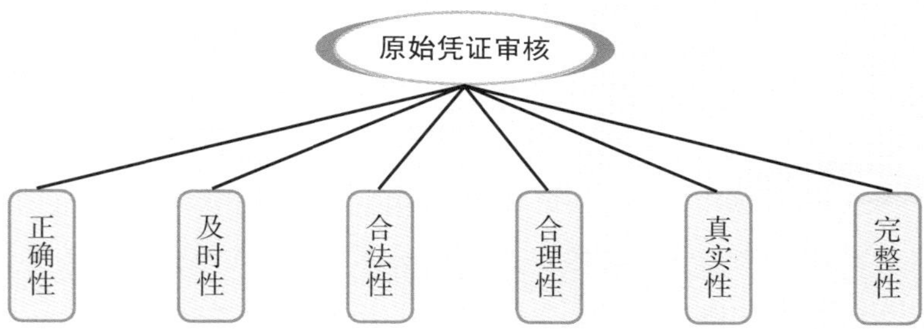

原始凭证的审核处理

原始凭证的审核是一项十分重要的工作，经审核后的原始凭证应该根据不同审核结果进行不同的处理。

（1）对于符合要求的原始凭证，应及时传递并编制记账凭证。

（2）对于真实、合理、合法但是内容不完整或者填写有错误的原始凭证，应当退给有关经办人员，由经办人员负责将有关凭证补充完整、

更正错误或者重开后，再进行正常的传递及记账程序。

（3）对于不真实且不合法的原始凭证，会计机构、会计人员有权不予受理，并有责任向单位负责人报告。

原始凭证的审核处理结果

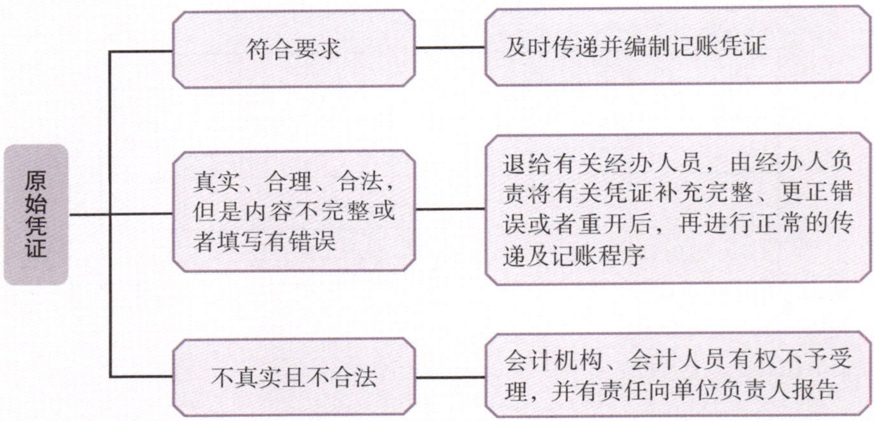

More

原始凭证关系到经济业务的执行和完成情况的正确反映以及会计工作监督作用的发挥，会计人员对各种原始凭证要进行严格的审查和核对。

记账凭证

由于原始凭证所记录的内容不能满足会计的需要，难以直接据以登记账簿，所以必须在审核无误的基础上，对原始凭证进行归类、整理，而后填制记账凭证。记账凭证是会计人员根据审核后的原始凭证进行归类、整理，并确定会计分录而编制的凭证，是直接凭以登账的依据。

记账凭证

记账凭证要根据原始凭证所反映的经济业务，按规定的会计科目和复式记账方法编成会计分录，以确保账簿记录的准确性。这是由于原始凭证只表明经济业务的具体内容，不能反映其归类的会计科目和记账方向，不能凭以直接入账，而且原始凭证多种多样，其格式、大小也不尽相同。为了做到分类反映经济业务的内容，必须按会计核算方法的要求，将其归类、整理为能据以入账的形式，指明应记入的账户名称以及应借、应贷的金额。

记账凭证

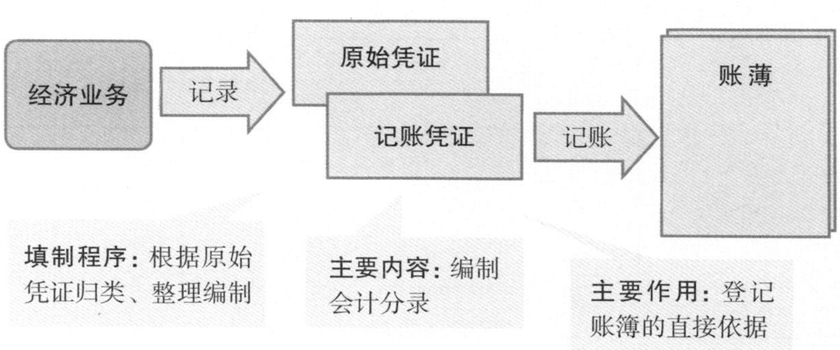

记账凭证的分类

记账凭证可按其登记经济业务的内容、经济业务内容的多少及使用范围进行分类。

按经济内容分类的记账凭证

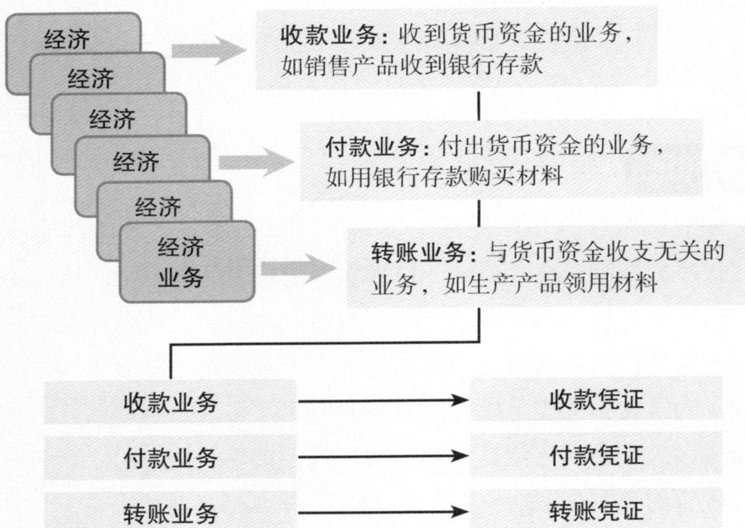

收款凭证

借方科目：银行存款　　　　20××年2月5日　　　　字第号

摘要	贷方科目		金额	记账
	一级科目	二级或明细科目		
销售甲产品	主营业务收入	甲产品	20 000	
	应交税金	应交增值税	3 400	
合计			23 400	

附件张

会计主管 李鸣　记账 张清　稽核 沈严　填制 方新　出纳 康明　交款人 赵伟

（1）按经济业务内容分类：

记账凭证按其登记经济业务内容的不同，分为收款凭证、付款凭证和转账凭证3种。

付款凭证

借方科目：银行存款　　　　20××年2月5日　　　　字第号

摘要	借方科目		金额	记账
	一级科目	二级或明细科目		
购买材料	物资采购 应交税金	A材料 应交增值税	10 000 1 700	
合计			11 700	

附件张

会计主管 李鸣　记账 张清　稽核 沈严　填制 方新　出纳 康明　交款人 赵伟

转账凭证

20××年2月5日　　　　字第号

摘要	一级科目	二级或明细科目	借方金额	贷方金额	记账
生产领用材料	生产成本 原材料	甲产品 钢材	10 000	10 000	
合计			10 000		

附件张

会计主管 李鸣　记账 张清　稽核 沈严　填制 方新

（2）按经济业务内容的多少分类：

记账凭证按经济业务内容的多少，又可分为单一记账凭证、汇总记账凭证和科目汇总表 3 种。

单一记账凭证是指一张凭证上只包含一项交易或事项内容的记账凭证。专用记账凭证和通用记账凭证均为单一记账凭证。在这样的记账凭证上为交易或事项编制分录时，每一张凭证上只反映一项交易或事项的内容，即只能编制一项交易或事项的会计分录，并直接据以登记有关账簿。使用这种记账凭证时，企业在一定会计期间发生多少笔交易或事项，就需要填制多少张记账凭证。

汇总记账凭证是指将所发生的同类记账凭证逐日或定期进行汇总后填制的一种凭证。例如，将收款凭证、付款凭证或转账凭证按一定的时间分期然后进行分别汇总，编制出汇总收款凭证、汇总付款凭证或汇总转账凭证；又如，将一段时间的记账凭证按照相同会计科目的借方或者贷方分别汇总、编制记账凭证汇总表等都属于汇总记账凭证的范畴。

汇总收款凭证

例

收款记账凭证 1
借：银行存款 120 000
贷：实收资本 120 000

收款记账凭证 2
借：银行存款 80 000
贷：实收资本 80 000

以借方科目为主，按贷方科目汇总

汇总收账凭证

借方科目：银行存款　　20×× 年 1 月 30 日　　凭证编号汇收 1

贷方科目	金额				记账	
	（1）	（2）	（3）	合计	借方	贷方
实收资本				200 000		200 000
预收账款				117 000		117 000
（略）						
合计				317 000		317 000

（1）自 1 日至 10 日收款凭证共计　张。
（2）自 11 日至 20 日收款凭证共计　张。
（3）自 21 日至 30 日收款凭证共计　张。

专用记账凭证上填写的会计科目

可分旬汇总，也可全月一次汇总

可分别据其登记实收资本、预收账款和银行存款总账账户

汇总付款凭证

例

收款记账凭证 1
借：银行存款 15 000
贷：实收资本 15 000

付款记账凭证 2
借：银行存款 5 000
贷：实收资本 5 000

以借方科目为主，
按贷方科目汇总

汇总付账凭证

借方科目：库存现金　　　　20×× 年 1 月 30 日　　　　凭证编号汇收 1

借方科目	金额				记账	
	(1)	(2)	(3)	合计	借方	贷方
银行存款				20 000		20 000
应付职工薪酬				12 000		12 000
(略)						
合计				32 000		32 000

可分旬汇总，也可全月一次汇总

(1) 自 1 日至 10 日付款凭证共计　张。
(2) 自 11 日至 20 日付款凭证共计　张。
(3) 自 21 日至 30 日付款凭证共计　张。

可分别据其登记银行存款、应付职工薪酬、库存现金总账账单

科目汇总表示意图

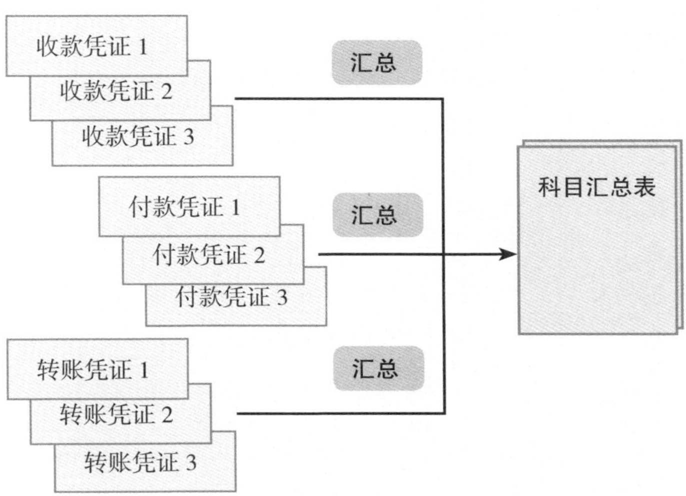

科目汇总表也称记账凭证汇总表，是根据一定会计期间内同类单一记账凭证定期汇总编制而成，包含若干项交易或事项内容的记账凭证。科目汇总表以专用记账凭证作为汇总依据，实际上是按记账凭证上分录的会计科目进行汇总，并将汇总的结果集中体现在一张表格上。

科目汇总表

20×× 年 2 月 1 日至 10 日

科目名称	总账页数	本期发生额		记账凭证起讫号数
		借方	贷方	
库存现金	17 000			
银行存款	180 000	104 000		
应收账款		40 000		
预付账款	41 000			
在途物资		5 000		
原材料	5 000	239 500		
待摊费用	6 000			
生产成本	200 000			
在建工程	36 000			
制造费用	7 500			
短期借款	4 000	15 000		
预收账款	12 000	30 000		
应交税费		8 500		
主营业务收入		50 000		
实收资本	20 000	36 500		
合　　计	528 500	528 500		

（3）记账凭证使用范围分类：

记账凭证按其使用范围，分为专用记账凭证和通用记账凭证两类。

专用记账凭证是指专门用来反映某类经济业务的记账凭证，可分为3种格式和5种格式两种类型。

3种格式的记账凭证按其所记录的经济业务与现金和银行存款的收付有无关系具体可分为收款凭证、付款凭证和转账凭证。

Tips

收款凭证一般用红色，付款凭证一般用蓝色，转账凭证一般用黑色。

收款凭证是用于记录库存现金和银行存款收款业务的会计凭证。它根据有关现金和银行存款收入业务的原始凭证填制，是登记现金日记账、银行存款日记账以及有关明细账和总账等账簿的依据，

记账凭证的种类

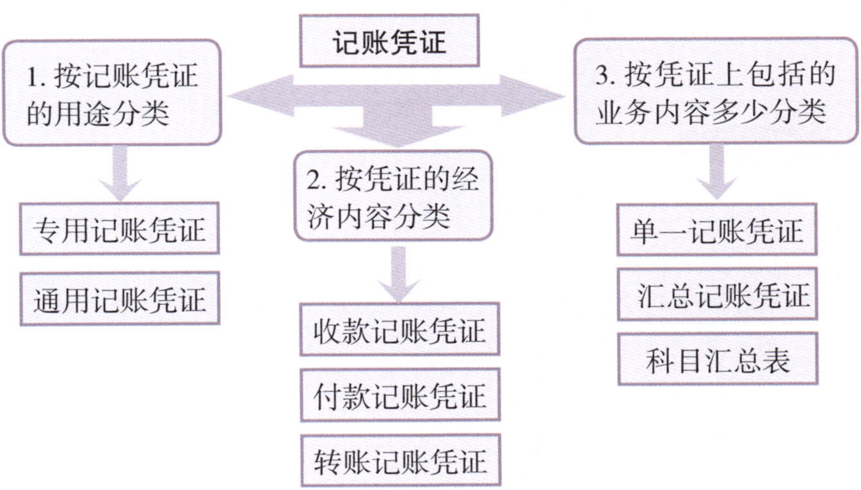

也是出纳人员收讫款项的依据。

付款凭证是用于记录库存现金和银行存款付款业务的会计凭证。它根据有关现金和银行存款支付业务的原始凭证填制，是登记现金日记账、银行存款日记账以及有关明细账和总账等账簿的依据，也是出纳人员付讫款项的依据。

转账凭证是用于记录不涉及库存现金和银行存款业务的会计凭证。它根据有关转账业务的原始凭证填制，是登记总分类账及有关明细分类账的依据。

5 种格式的记账凭证具体可分为库存现金收款凭证、库存现金付款凭证、银行存款收款凭证、银行存款付款凭证、转账凭证。它适用于很多货币资金收付业务，而且收款与付款业务分设库存现金收入日记账、库存现金支出日记账、银行存款收入日记账、银行存款支出日记账的会计主体。

通用记账凭证是指反映各类经济业务共同使用的统一格式的记账凭证。在经济业务比较简单的经济单位，无论是收款交易或事项、付款交易或事项还是转账交易或事项，为了简化凭证，可以使用通用记账凭证记录所发生的各种经济业务。

More

专业记账凭证一般适用于规模较大、款项收支交易或事项比较多的大型企业。通用记账凭证一般适用于规模较小、款项收支交易或事项比较少的中小型企业或行政、事业单位。在同一企业或单位中，不能同时使用两种记账凭证。

填制记账凭证

填制记账凭证是会计核算的重要环节，填制正确与否关系到记账的真实性。由于各单位经济业务的内容和复杂程度不同，人员的数量和分工的不同，设计和使用的记账凭证虽然在格式上存在差异，但作为对原始凭证的归类和整理并作为登记账簿直接依据的记账凭证，所具备的基本要素是大致相同的。

记账凭证的基本内容

为了概括地反映经济业务，满足登账的需要，记账凭证必须具备下列基本内容。

（1）记账凭证的填制日期。

（2）记账凭证的编号。

（3）经济业务的摘要。

（4）会计分录，应借、应贷科目及金额真实完整。

（5）所附原始凭证张数。

（6）填制人员、稽核人员、记账人员、财会主管签名或盖章，收款、付款凭证还应由出纳人员签名或盖章。

Tips

除更正错账和期末结账的记账凭证外，都必须附有原始凭证并注明附件张数，否则对记账凭证真实性、正确性的审核就无从谈起。

记账凭证的填制要求

记账凭证是登账的直接依据，填制记账凭证除了要达到原始凭证的要求外，还要遵循下列要求。

（1）必须以审核无误的原始凭证为依据。

记账凭证可根据每一张原始凭证填制，也可根据若干张同类原始凭证填制，还可根据原始凭证汇总表填制，但不能将不同内容和类别的原始凭证填制到一张记账凭证上。

记账凭证的填制

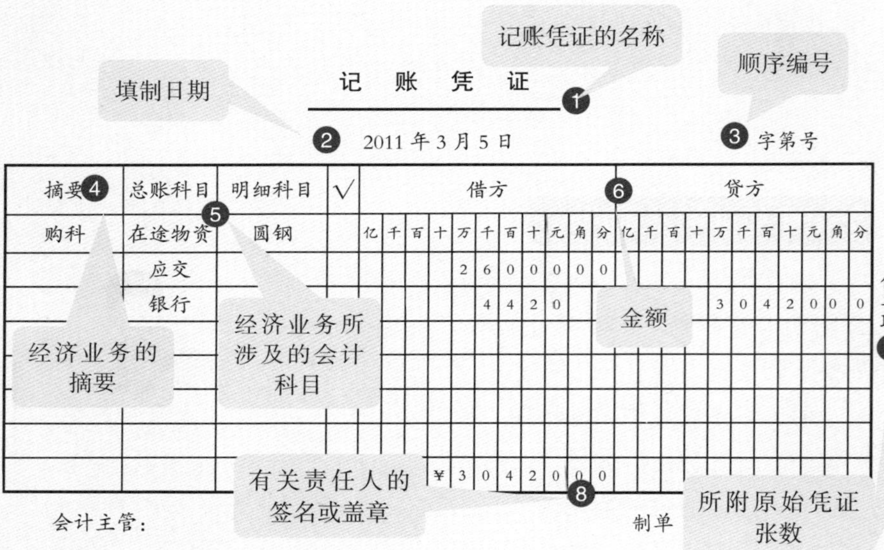

（2）摘要应简明扼要地说明经济业务。

具体填写因事而异，但一般应指明经济业务发生的对象，即对方是什么单位或什么人，业务的主要内容，重要凭证的号码。例如，收付款业务应写明收付款对象名称、款项内容，若使用支票，应写明支票号码；对于用支票结算的付款业务，当日的付款凭证应按支票号码排列，以备查对。对于往来业务，应写明对方单位、业务经手人、发生时间等内容。

（3）会计分录要正确。

会计分录要正确，是指会计科目、记账方向、金额都要正确。

会计科目必须按照会计制度规定的会计科目名称及核算内容进行运用，要写明细科目，并且要写全称，不能简写。

记账方向应正确，保持清晰明确的借贷关系，编制分录要先借后贷，可编制一借多贷或一贷多借的会计分录，尽量避免多借多贷的会计分录。但这并不排斥在特殊情况下编制多借多贷的会计分录以反映经济业务的来龙去脉。

数字的大写

壹 贰 叁 肆 伍 陆 柒 捌 玖 拾 零

¥ 十 万 仟 佰 元 角 分 整

记账凭证数字填写示意图

记账凭证书写注意事项

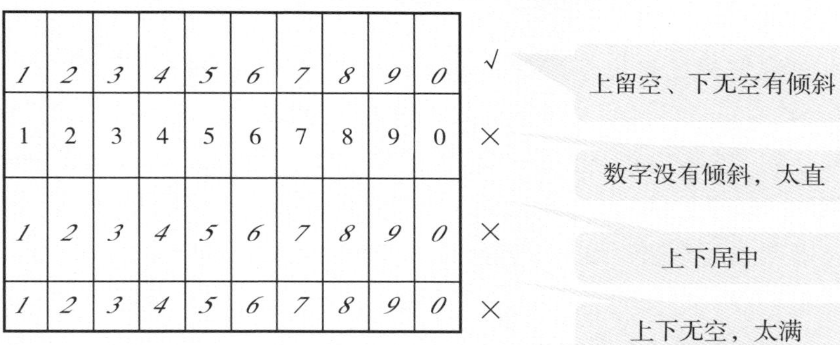

6可以上出头
7、9可以下出头

金额方面，要与原始凭证的金额保持一致；要书写规范，平行对准科目栏次和借贷栏次，防止错栏串行；金额数字要填写到分位，若角位、分位无数字，要写“00”，如 3 568.00 元，若角位有数字而分位无数字，则要在分位上写“0”，如 3 568.30 元。每笔业务填入金额后，要在合计行上填写合计金额，并在合计数前填写货币符号“￥”，若不是合计数，则不填写货币符号。记账凭证金额栏若有空行，应画斜线或“T”形线注销。斜线应从金额栏最后一笔金额数字下的空行画到合计数行上面的空行，注意斜线两端都不能画到金额数字的行次上。

（4）编号要连续。

记账凭证应分月按业务发生顺序连续编号，不得重号、漏号。具体编号方法视记账凭证的种类不同而定。

Tips

三种凭证，三种编号。

①通用记账凭证，可按业务发生的先后顺序进行编号。

②专用记账凭证，可用分类编号法，即可按现金收付、银行存款收付和转账业务 3 类分别编号，如“收字第 × 号”“付字第 × 号”“转字第 × 号”；也可按现收、现付、银收、银付、转字 5 类分别编号，如“现收字第 × 号”“现付字第 × 号”“银收字第 × 号”“银付字第 × 号”“转字第 × 号”；也可按凭证总字号和顺序编号相结合的方法，即双重编号法，如某一张付款凭证的编号为“总字第 × 号付字第 × 号”。

专用记账凭证一般适用于规模较大、款项收支交易或事项比较多的大型企业。通用记账凭证一般适用于规模较小、款项收支交易或事项比较少的中小型企业或行政、事业单位。在同一企业或单位，不能同时使用这两种记账凭证。

无论采用哪种编号方法，都要按月顺序编号，即每月都从第 1 号起，顺序编至月末。一笔经济业务若需编制两张或两张以上记账凭证，则可用分数编号法，如 16 号会计事项若需编 3 张记账凭证，就可分别编成：

$$16\frac{1}{3}、16\frac{2}{3}、16\frac{3}{3}$$

记账凭证的编号

（5）附件张数要注明。

所附原始凭证的张数，一般以自然张数为准。即凡是与业务相关的每一张凭证，都应作为记账凭证的附件，包括原始凭证汇总表及所附原始凭证或说明性质的资料等，但差旅费、市内交通费等的报销业务除外。各种费用报销单据，要先粘贴在一张粘贴纸上，作为一张原始凭证附件。如某职工报销市内交通费、各种单据共 18 张，要求将这 18 张单据粘贴在“差旅费报销单”上，在该报销单上注明所附原始凭证 18 张，而在记账凭证上附件张数栏填写时只能注明 1 张附件。

当一张原始凭证记录的经济业务涉及几张记账凭证时，应将原始凭证附在主要记账凭证后，在其他记账凭证上注明该主要记账凭证编号或者附上原始凭证复印件。一张原始凭证所列支出需由两个或两个以上单位共同负担时，应由保存该原始凭证的单位向其他单位开具原始凭证分割单。如果所附原始凭证内容十分重要或数量过多必须单独保存时，应在记账凭证摘要栏说明。

记账凭证填制的特别要求

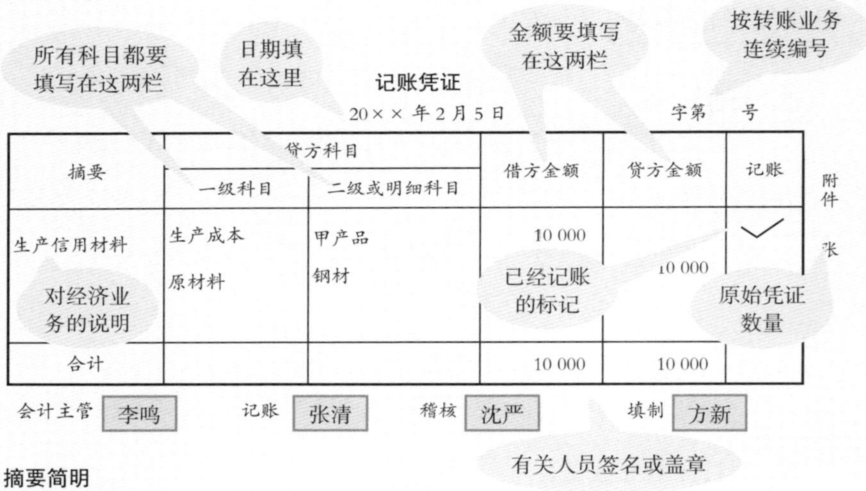

摘要简明
科目运用准确
附件齐全
连续编号

（6）有关人员应签名盖章，以明确责任，加强会计岗位责任制。

（7）记账凭证如填制错误，且未入账，则要重新编制。

如果已经入账（当年发现），则要按规定方法更正（具体方法参见会计账簿相关内容）。

如果发现以前年度的，则应用蓝字填制一张更正的记账凭证。

记账凭证的种类

记账凭证的种类有很多，这里主要研讨专用记账凭证、通用记账凭证以及科目汇总表的填制方法。

专用记账凭证的填制

专用记账凭证包括收款凭证、付款凭证和转账凭证3种。

收款凭证——根据有关现金、银行存款和其他货币资金收款业务的

收款凭证的填制

主体科目　在这里填写借方科目　**收款凭证**　收款日期填在这里　按收款业务连续编号　已记账的标记

借方科目：银行存款　　20××年2月5日　　字第　号

摘要	借方科目		金额	记账
	一级科目	二级或明细科目		
销售甲产品	主营业务收入	甲产品	20 000	
	应交税金	应交增值税	3 400	
合计			23 400	

附件　张

对经济业务的说明　在这里填写贷方科目　金额要填写在这栏　原始凭证数量

会计主管 李鸣　记账 张清　稽核 沈严　填制 方新　出纳 康明　交款人 赵伟

有关人员签字或盖章

付款凭证的填制

主体科目　在这里填写借方科目　**付款凭证**　付款日期填在这里　按付款业务连续编号　已记账的标记

贷方科目：银行存款　　20××年2月12日　　字第　号

摘要	借方科目		金额	记账
	一级科目	二级或明细科目		
购买材料	物资采购	A材料	10 000	
	应交税金	应交增值税	1 700	
合计			11 700	

附件　张

对经济业务的说明　在这里填写借方科目　金额要填写在这栏　原始凭证数量

会计主管 李鸣　记账 张清　稽核 沈严　填制 方新　出纳 康明　交款人 赵伟

有关人员签字或盖章

转账凭证的填制

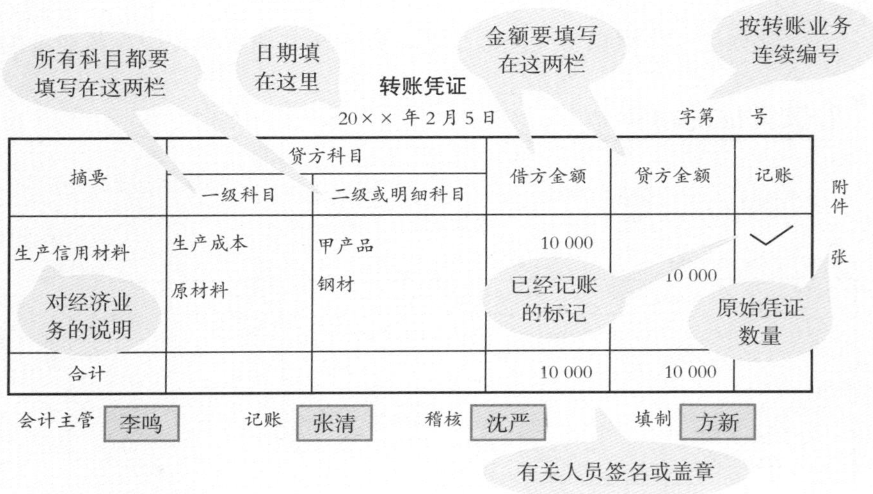

转账凭证

20×× 年 2 月 5 日　　　　字第　号

摘要	贷方科目		借方金额	贷方金额	记账
	一级科目	二级或明细科目			
生产信用材料	生产成本	甲产品	10 000		√
	原材料	钢材		10 000	
合计			10 000	10 000	

附件　张

会计主管 李鸣　记账 张清　稽核 沈严　填制 方新

原始凭证填制。

付款凭证——根据有关现金、银行存款和其他货币资金支付业务的原始凭证填制。

转账凭证——根据有关转账业务的原始凭证填制和根据账簿记录填制。

特殊付款凭证的填制

对于现金和银行存款之间的存取（相互划转）业务，为避免重复记账，应统一按减少方填制付款凭证（均付款在先），而不填制收款凭证。

从银行提取现金：

借：库存现金 1 000 收款。

　　贷：银行存款 1 000 付款。

将现金存入银行：

借：银行存款 1 000 收款。

　　贷：库存现金 1 000 付款。

特殊的付款凭证

借：库存现金
　贷：银行存款　→ 填制 → 银行存款、付款凭证

借：银行存款
　贷：库存现金　→ 填制 → 现金付款凭证

通用记账凭证的填制

通用记账凭证的格式类似于转账记账凭证，凭证的要素内容也与转账记账凭证基本相同，只是反映的内容不再受交易与事项类别上的限制，即在填制记账凭证时不必考虑是收款交易或事项、付款交易或事项，还是转账交易或事项，只要在记账凭证上直接进行会计分录的编制并相应地填好其他内容就行了。

Tips

记账凭证在打击经济犯罪中发挥了重要作用，但是，如果填制不当，就会被某些不法分子利用。

在借贷记账法下，将经济业务所涉及的会计科目全部填列在“借方余额”或“贷方余额”栏内。借、贷方金额合计数应相等。

制单人应在填制完毕后签名盖章，并在记账凭证右侧填写所附原始凭证的张数。

科目汇总表的填制

科目汇总表也称“记账凭证汇总表”。一般先根据本期发生所有业务按一级科目编制 T 字账，在 T 字账的两边只填写本期发生额。再将 T 字账的借、贷两方金额分别进行加总，得出科目本期借、贷方发生额。

将科目本期借、贷方发生额填入科目汇总表，并计算出借、贷方金额合计，借贷平衡即可，但是科目汇总表的平衡并不代表账务处理无误。

依据借贷记账法的基本原理，科目汇总表中各个会计科目的借方发生额合计与贷方发生额合计应该相等，因此，科目汇总表具有试算平衡的作用。科目汇总表是科目汇总表核算形式下总分类账登记的依据，科目汇总表编制的时间应根据经济业务量的多少而定，可选择 3 天、5 天、10 天、15 天或 1 个月。

科目汇总表填制

交易或事项发生时所编制的各种记账凭证

转账记账凭证

付款记账凭证

收款记账凭证

根据记账凭证上分录的所有科目按借、贷方发生额分别汇总

一般按月汇总

科目（记账凭证）汇总表

200× 年 月　　　　编号

科目名称	本期发生额		总账页次
	借方	贷方	
库存现金	26 740	21 200	
银行存款	95 800	15 100	
库存商品	18 000	8 200	
待摊费用	9 600		
短期借款		60 000	
应付账款		18 000	
预收账款		1 740	
应付职工薪酬	1 200	1 200	
实收资本		20 000	
主营业务收入		15 800	
主营业务成本	8 200		
管理费用	1 700		
合　计	161 240	161 240	

科目汇总表填制

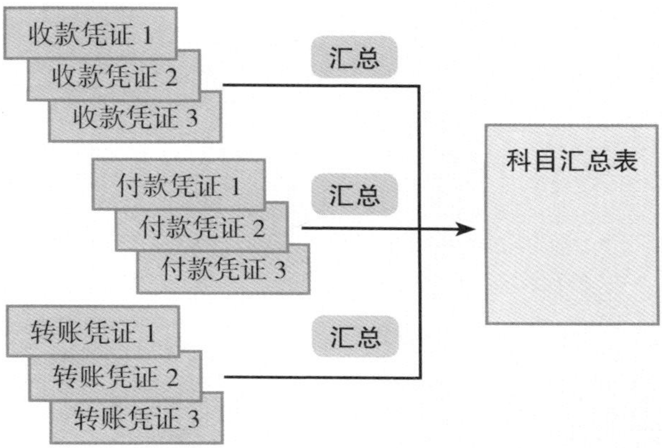

记账凭证的审核

会计人员一定要认真审核记账凭证，以保证记账凭证符合记账要求和账簿记录的正确性。审核记账凭证，主要是从形式和内容两方面进行审查，具体而言，包括下列内容：

（1）记账凭证所附原始凭证是否符合要求。

（2）记账凭证所填写的有关内容，如接受凭证的单位名称或经办人，是否与原始凭证的内容相符。

（3）摘要栏的填写是否清楚，是否正确地归纳了所附的原始凭证所反映的经济内容。

（4）对应的会计科目和会计分录（包括一级科目、二级科目或明细科目）使用及处理是否正确，对于金额，应再次进行汇总计算。

（5）记账凭证中有关项目的填写是否完备，有关会计人员的签名或盖章是否齐全，以及填写是否符合规范等。

只有经过审核无误的记账凭证，才能据以登记账簿。如发现差错，必须及时查明原因，并按规定的方法予以更正。

记账凭证审核

付款凭证

贷方科目：银行存款　　　　20××年2月12日　　　　字第　　号

摘要	借方科目		金额	记账
	一级科目	二级或明细科目		
购买材料	物资采购 应交税金	A材料 应交增值税	10 000 1 700	✓ ✓
合计			11 700	

附件　张

会计主管 李鸣　记账 张清　稽核 沈严　填制 方新　出纳 康明　交款人 赵伟

有关项目是否齐全

会计科目是否正确

金额计算是否准确

与原始凭证是否相符

有关人员是否签名盖章

会计凭证的传递和保管

记账凭证管理从整理、装订到保管，这个过程在会计的日常工作中起着很重要的作用。明确规定凭证传递的程序和时间，不仅可以及时地反映和监督经济业务的完成情况，而且可以促使经办业务部门和人员及时、正确地完成经济业务和办理凭证手续，从而加强经营管理上的责任制。

会计凭证传递

会计凭证的传递是指从会计凭证的取得或者填制时起一直到归档保管过程中，在单位内部的有关部门和人员之间的传送程序。会计凭证的传递是会计核算能够正常、有效进行的必要前提。会计凭证传递的要求是能够满足企业内部控制制度的要求，使传递的程序合理且有效，同时需要尽量节约传递时间，减少传递的工作量。

Tips

在设计填制好会计凭证后，还要做好最后的传递保管工作。

根据企业生产的特点、经济业务的内容以及管理要求的不同，会计凭证的传递方式也有所不同。因此，企业应根据具体的情况制订每一种凭证的传递程序和方法。例如，收料单的传递中应规定：材料到达企业后多长时间内需要验收入库，收料单由谁负责填制，一式几联，各联次的用途是什么，分别传递到哪些部门，何时传递到会计部门，会计部门由谁负责收料单的审核工作，由谁根据收到的原始单据据以编制记账凭证、登记账簿以及整理归档等。会计凭证的传递是否科学、严密、有效，对于加强企业内部管理、提高会计信息的质量具有很重要的作用。

会计凭证的传递是会计制度的一个重要组成部分，在会计制度中应当制定明确的规定并且正确地组织会计凭证的传递，对于及时地处理经济业务和实行会计监督具有重要的意义。这是因为正确地组织会计凭证的传递，便于及时、真实地反映发生和完成情况；便于有关部门和人员及时沟通；加速业务处理过程，便于分工协助和发挥会计的监督作用。

会计凭证传递程序

制订合理的会计凭证传递程序和传递时间，应当注意以下几个问题：

（1）应根据经济业务的特点，企业内部的部门设置和人员分工不同以及管理上的要求等，具体规定各种凭证的联数和传递的环节。既要使相关的部门和人员能够按照规定处理经济业务，又要能通过凭证了解业务情况，并提供数据，还要注意所制订的流程要合理，避免不必要的环节，影响传递速度。

（2）应根据有关部门和人员办理经济业务手续的需要，确定会计凭证在各个环节所停留的时间。既要防止时间过于紧张，影响业务手续的完成质量，又要避免时间过长，影响工作效率。

（3）建立凭证交接的签收制度。为了确保会计凭证的安全和完整，在各个环节中应指定专人办理交接手续，并做好登记。做到责任明确，手续完备、严密。

会计凭证的传递办法，在报经本企业领导批准后，各有关部门和人员必须遵照执行。会计部门应当对其执行情况进行监督和检查，若发现有不合理、不完善之处，应及时研究并加以修改或重新制订。

会计凭证保管

会计凭证的保管是指会计凭证记账后的整理、装订、归档和存查工作。会计凭证作为记账的依据，是重要的会计档案资料。本企业以及有关部门、单位，可能会因各种需要查阅会计凭证，特别是企业发生贪污、盗窃、违法乱纪行为时，会计凭证是作为依法处理的有效证据。因此，任何单位在完成经济业务手续和记账之后，必须将会计凭证按照规定的归档制度形成会计档案资料，妥善保管，防止丢失，不得任意销毁，以便于日后随时查阅。

Tips

隐匿、故意销毁会计凭证是一种经济犯罪。隐匿、故意销毁会计凭证罪，是指隐匿或者故意销毁依法应当保存的会计凭证的情节严重的行为。

对于会计凭证的保管，既要做到完整无缺，又要便于翻阅查找。其主要的要求有：

（1）会计凭证应当定期装订成册，防止散失。具体方法如上所述，不再重复。另外，订成册的会计凭证应加贴封条，防止抽换凭证。

（2）对于各种经济合同、存出保证金收据等重要原始凭证，应另外编制目录，单独进行登记保管，并在有关的记账凭证和原始凭证上相互注明日期以及编号。

（3）会计凭证是不能外借的，其他单位如果因特殊原因需要借用会计凭证，则须经本单位会计机构负责人、会计主管人员批准，可以复制。向外单位提供原始凭证复印件时，应在专设的登记簿上进行登记，并由提供人员和收取人员共同签名或者盖章。查阅或者复制会计凭证的人员，不得在会计凭证上涂画、拆封和抽换。

（4）如果从外部单位取得的原始凭证丢失，应由经办人员取得外部单位有效的证明文件，加盖公章，证明文件中应当注明丢失的原始凭证的编号、内容和金额等，然后需要由本单位的负责人同意后才能代做原始凭证。若确实无法取得证明的，如车票丢失，则应当由当事人写明详细的情况，由经办单位会计机构人员负责人、会计主管人员和单位负责人批准后，方可代做原始凭证。

（5）每年装订完成的会计凭证，在年度终了后，可暂时由会计机构保管一年，期满之后，应由会计机构编制移交清册，移交本单位档案机构进行统一保管；未设立档案机构的，应在会计机构内部指定专人保管，但出纳人员不得兼管会计档案。

（6）移交本单位档案机构保管的会计凭证，原则上应保持原卷册的封装，也就是说保持原封不动。个别需要拆封重新整理的，档案机构应会同会计机构人员和经办人员共同拆封整理，以分清责任。

（7）会计凭证的保管期限。按照目前实施的《会计档案管理办法》规定，原始凭证、记账凭证、汇总记账凭证的保管期限是15年，银行对账单、银行存款余额调节表的保管期限为5年。

（8）会计凭证的销毁。保管期满后的会计凭证，可按照规定程序进行销毁，但是保管期满而有未结清的债权债务的原始凭证和涉及其他未了事项的原始凭证，则不得销毁，应单独抽出立卷，保管到未了事项完成时为止。

More

正确组织会计凭证的传递和保管，可以加强有关部门的经济责任，有利于会计核算工作的开展。把会计凭证科学、安全地保管起来，能充分发挥会计数据的作用。因此，各单位在做好会计凭证的填制和审核工作的同时，还应做好会计凭证的传递和保管工作。

第5章

凭证登记

假如今后你要去一家新建的企业从事会计工作，并负责企业全面的会计工作。面对企业的资金筹集、购买材料、生产加工、产品销售、计算利润、核算税金等一系列经济业务，你该如何下手呢？企业的存在主要是通过对各种资源的组合和处理进而向其他单位和个人提供他们所需要的商品和服务，一个完整的生产经营过程由供应过程、生产过程和销售过程构成。为了进行生产经营，企业必须拥有一定数量的经营资金，经营资金在生产经营过程中的具体运用表现为不同的形态，最终形成资金的循环和周转。会计人员所要做的就是用登记会计凭证的方法记录反映不同的经济业务，具体而言，企业在经营过程中发生的主要经营业务内容包括资金筹集业务、采购业务、生产过程业务、销售过程业务、财务成果形成和分配业务。

本章教你：

- 登记资金筹集业务凭证
- 登记采购业务凭证
- 登记销售业务凭证
- 登记投资业务凭证
- 记账凭证附件的处理

登记资金筹集业务凭证

一个企业的生存和发展离不开资产，资产是企业进行生产经营活动的物质基础。

资金来源

对于任何一个企业而言，其资产形成的资金来源主要有两条渠道：

一是投资人对企业的投资，投资者按其投资额对企业承担风险。投资人的投资及其增值形成投资人的权益，这部分业务称之为权益资金筹集业务。

二是债权人对企业的借款，债权人对企业不承担风险，只要求企业按期还本付息。企业借入的款项形成债权人的权益，该部分业务称之为负债资金筹集业务。

实收资本

实收资本是指投资者按照企业章程或者合同、协议的约定，实际投入企业的资本。企业的实收资本按投资主体的不同，分为国家投入资本、法人投入资本、个人投入资本和外商投入资本。

企业的实收资本按其接受投入资本的物质形态不同，分为货币投资、实物投资、有价证券投资和无形资产投资等。除货币资金外，无论以何种形式投资，都必须通过验资确认，并经工商管理部门注册登记，因此，实收资本也称法定注册资本金。

资金来源

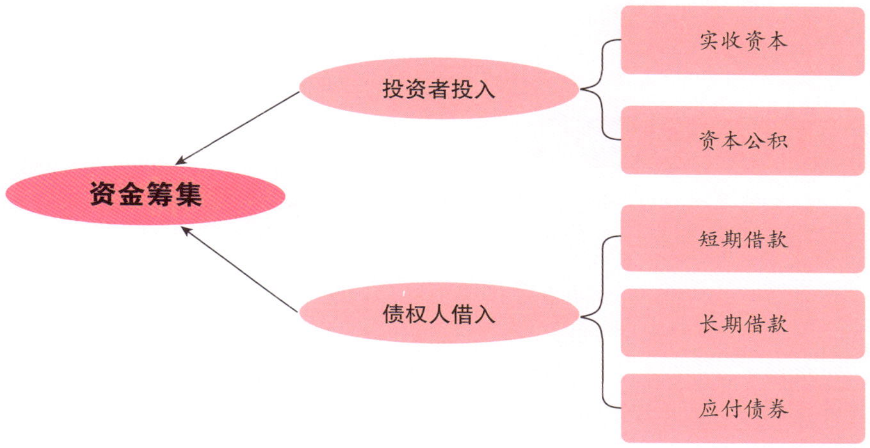

实收资本的类别

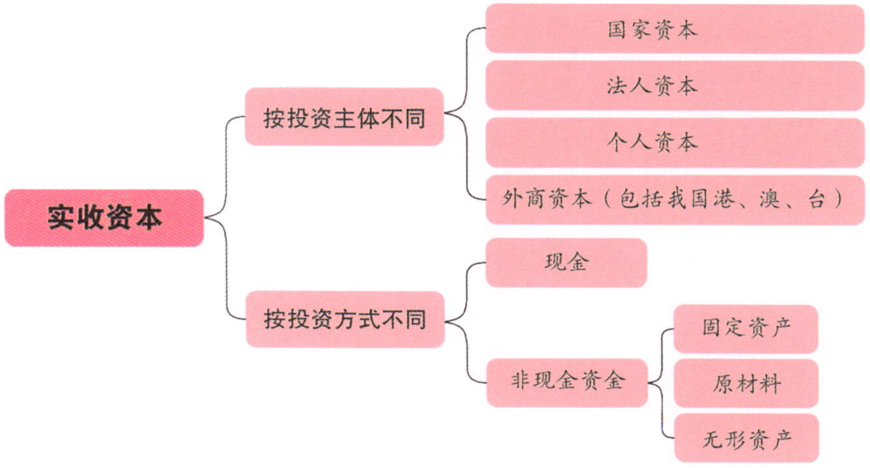

企业资本会计登记

为了核算和监督投资者投入资本及举债借入资金等筹资活动，企业应设置“实收资本”“短期借款”“长期借款”“银行存款”“固定资产”“无形资产”等账户进行会计登记。

筹集资本的会计分录

在会计凭证上根据设置的账户和采用的记账方法编制会计分录是会计确认和计量的直接成果。一般而言，只有理解和编制好会计分录，我们才能进一步在会计凭证上进行登记。

固定资产账户

借方　　　　固定资产	贷方
新增固定资产的原值	减少的固定资产原值
期末余额：企业固定资产原值之和	

无形资产账户

借方　　　　无形资产	贷方
新增无形资产的原值	减少的无形资产原值
期末余额：企业无形资产原值之和	

收到投资的会计分录：

借：资产类账户

　　贷：实收资本——某单位

企业筹资账户关系图

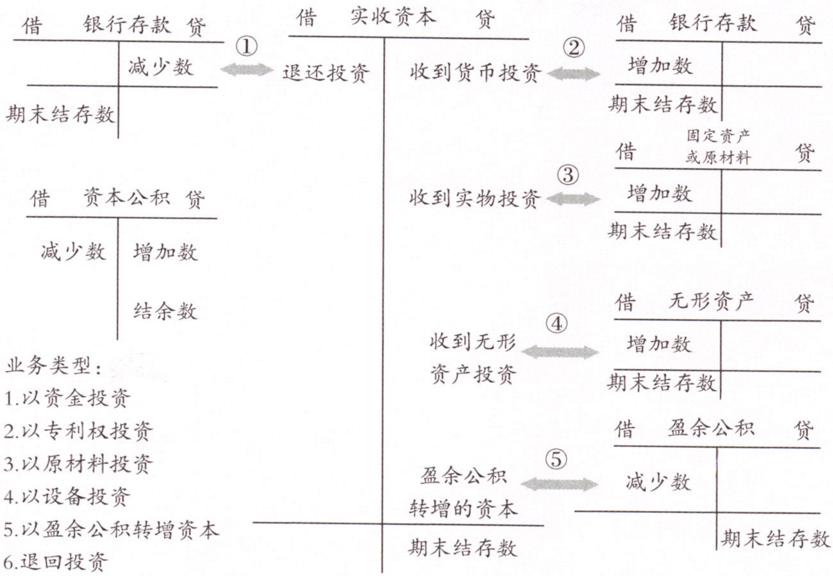
借 银行存款 贷
减少数
期末结存数
借 资本公积 贷
减少数
增加数
结余数
业务类型：
1.以资金投资
2.以专利权投资
3.以原材料投资
4.以设备投资
5.以盈余公积转增资本
6.退回投资
①
借 实收资本 贷
退还投资
收到货币投资
收到实物投资
收到无形资产投资
盈余公积转增的资本
期末结存数
②
借 银行存款 贷
增加数
期末结存数
③
借 固定资产或原材料 贷
增加数
期末结存数
④
借 无形资产 贷
增加数
期末结存数
⑤
借 盈余公积 贷
减少数
期末结存数

登记采购业务凭证

汽车行驶需要汽油，机器运转需要电力，产品制造需要原材料，这些都是企业所要采购的材料。从事不同经济业务的企业所需要采购的材料不同，但是每个企业都应该将采购业务纳入财务管理之中。

材料采购业务核算

材料采购业务是企业在采购过程中发生的主要经济业务。采购过程是企业经营过程的第一个阶段。在采购过程中，企业一方面从供货单位购进各种材料物资，以满足生产经营的需要；另一方面要支付材料的买价和各种采购费用，与供货

Tips

为了简化核算，在实际工作中，对某些本应计入材料采购成本的采购费用，如采购人员的差旅费、市内采购材料的运杂费等，可以不计入材料采购成本，而将其列入管理费用支出。

材料采购成本图

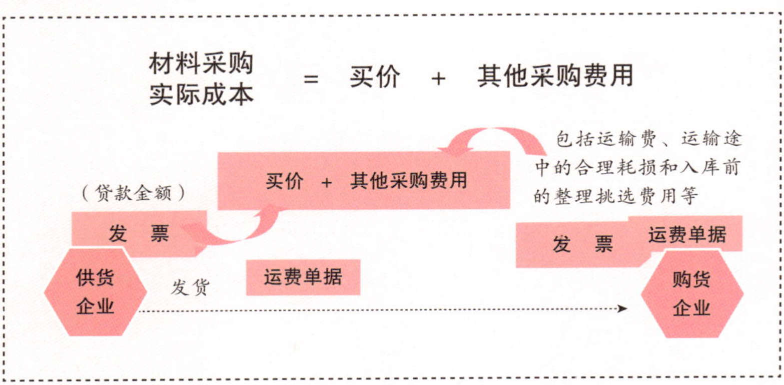

单位进行货款的结算。

对于发生的材料采购业务，会计部门一方面要反映各种款项的实际支付情况以及因采购材料而引起的库存材料物资的增加；另一方面还应将采购材料支付的买价和发生的采购费用按照购入材料的种类加以归集，计算各种材料的实际采购成本。在归集费用时，凡能分清是为采购哪种材料所支付的费用，均应直接记入那种材料的采购成本；凡不能分清的，均应采用合理的分配标准（如可按采购材料的重量或买价的比例）将费用分配计入各种采购成本中。另外，在材料采购业务中，企业有时还需支付增值税，支付的增值税应单独核算。

综上所述，材料采购业务核算的主要内容为核算和监督材料的买价和采购费用，计算各种材料的实际采购成本，检查材料采购计划执行情况，反映备用资金占用量，考核备用资金使用情况。

物料采购业务会计账户

为加强对材料采购业务的管理，计算和确定材料的采购成本，反映库存材料的增减变动和结存情况以及企业因采购材料而与供应单位发生的货款结算关系，物料采购业务的核算应设置“材料采购”“原材料”“应付账款”“应付票据”“预付账款”“应交税费”等主要账户，核算中还涉及“银行存款”“库存现金”等账户。

采购业务主要账户

原材料

借方	贷方
入库材料实际成本	发出材料实际成本
库存材料实际成本	

应付账款

借方	贷方
偿还数	应付未付款项
多付、预付数	尚未偿还数

应付票据

借方	贷方
①到期偿还的金额 ②到期无力偿还，转入应付账款	①开出或承兑的商业汇票金额
	尚未到期的应付票据金额

预付账款

借方	贷方
①预付款 ②补付数	①收到货物金额 ②退回多付款项
实际预付数	尚未补付数

应交税费——应交增值税

借方	贷方
①进项税额 ②交本月增值税 ③转出未交增值税	①销项税额 ②转出多交增值税
尚未抵扣的增值税	

应交税费——未交增值税

借方	贷方
①转入多交增值税 ②交上期增值税	①转入未交增值税
累计多交增值税	累计未交增值税

材料采购分录总图

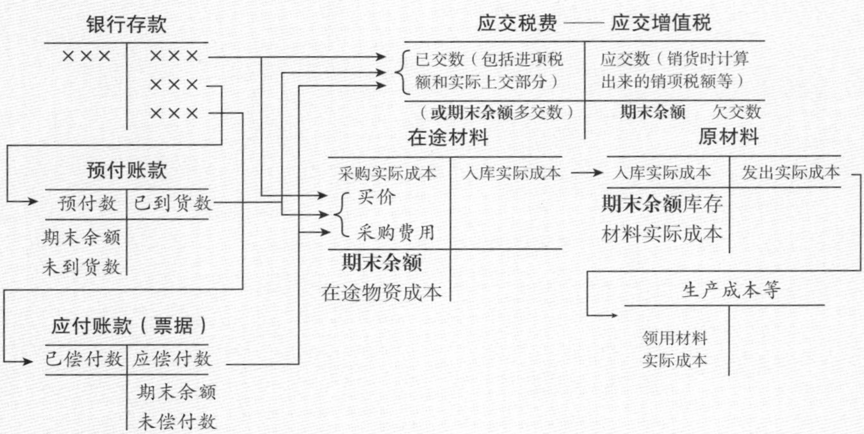

在途材料　原材料　预付账款	应付账款　应交税费
账户性质：资产类 **账户结构**：借方登记增加数；贷方登记减少数；余额在借方	**账户性质**：负债类 **账户结构**：贷方登记增加数；借方登记减少数；余额在贷方

材料采购账户和分录

借方　材料采购　贷方

借方	贷方
买价和采购费用	入库材料的实际成本
在途材料的实际成本	

借：材料采购（买价+采购费用）

　　应交税金——应交增值税（进项税额）

　贷：银行存款

　　　应付账款

　　　应付票据

　　　预付账款

登记销售业务凭证

在销售过程中，企业要将产品及时地销售出去并收回货款。因此，销售过程是资金周转最主要的一个过程。

销售业务账户

对于发生的产品销售业务，企业要确认销售收入，进行销售收入的核算，并同购货单位办理结算，收回货款。另外，企业还要支付销售费用，计算和交纳销售税金，计算和结转销售成本，最后确定销售损益。

Tips

主营业务收入、主营业务成本、其他业务收入、其他业务成本、销售费用、营业税金及附加账户期末应无余额。

销售业务应设置“主营业务收入”“主营业务成本”“其他业务收入”“其他业务成本”“销售费用”“营业税金及附加”“应收账款”“预收账款”“应收票据”等主要账户。

销售业务会计处理

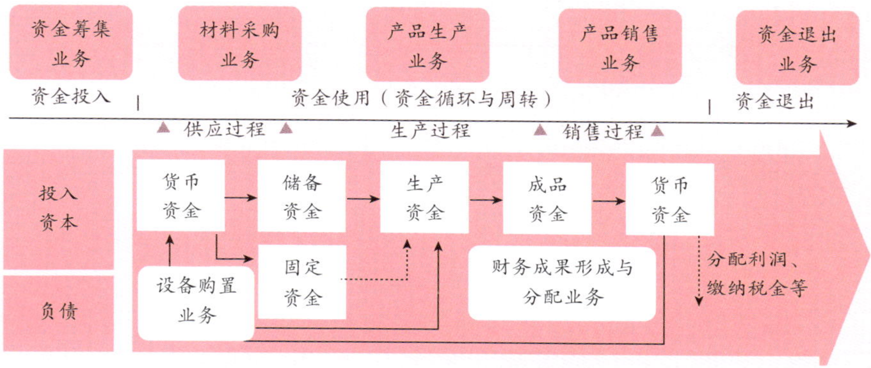

主营业务成本账户

借方	主营业务成本	贷方
本期增加额　××× （1）已售产品的实际成本 （2）提供工业性劳务所发生的实际成本		本期减少额　××× （1）因成品销售退回而冲减的实际成本 （2）期末转入“本年利润”的数额
本期借方发生额　×××		本期贷方发生额　×××

主营业务成本账户登记总图

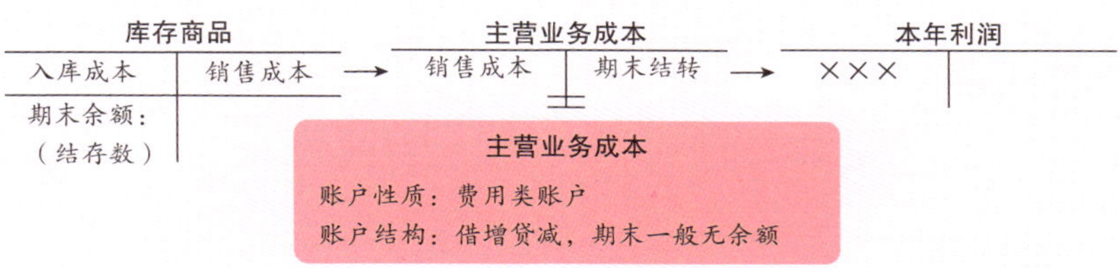

主营业务收入账户

借方	主营业务收入　　　　贷方
本期减少额　　××× （1）因产品销售退回而冲减的收入 （2）期末转入"本年利润"的数额	本期增加额　　××× （1）销售产成品、自制半成品的收入 （2）提供工业性劳务的收入 （3）销售库存商品的收入
本期借方发生额　　×××	本期贷方发生额　　×××

主营业务收入账户登记总图

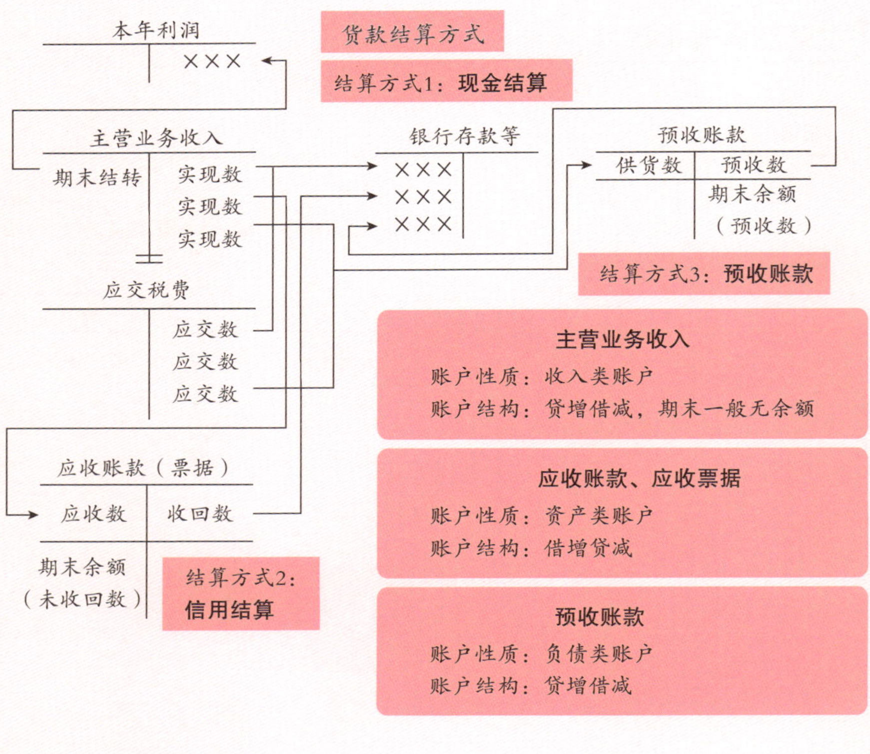

其他业务账户

其他业务收入	
月末转入本年利润账户	取得的其他业务收入

其他业务成本	
与其他业务有关的成本、费用、税金	月末转入本年利润账户

主营业务成本账户登记总图

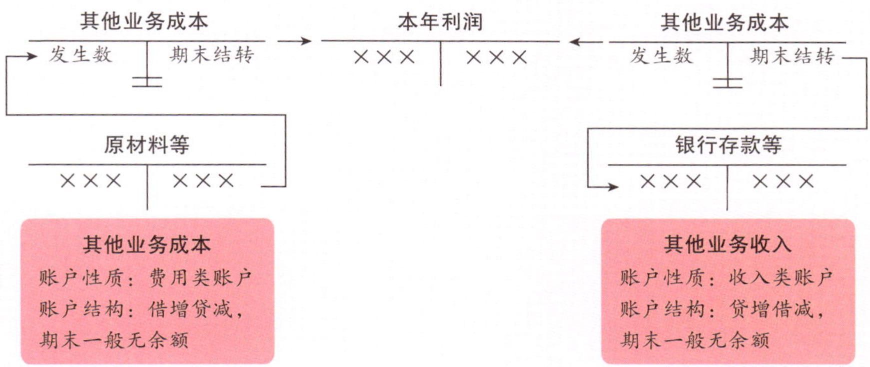

销售费用账户

借方	销售费用 贷方
发生的各种销售费用	期末转入年利润账户

营业税金及附加账户

借方	营业税金及附加　　　　　　　　　　　　　贷方
本期增加额　××× 销售产品、提供劳务应负担的消费税、营业税、城市维护建设税、教育附加税及附加等	本期减少额　××× （1）因销售退回而冲减的营业税金及附加 （2）期末转入“本年利润”的数额
本期借方发生额　×××	本期贷方发生额　×××

销售费用和营业税金及附加账户登记总图

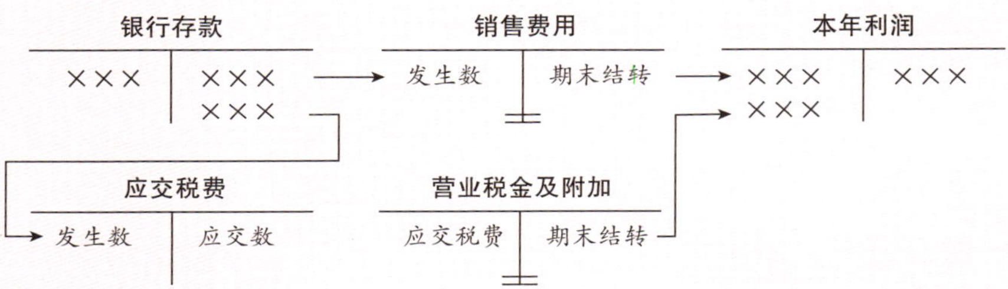

应收账款账户

本期减少额　×××	
本期增加额　××× （1）应向购货单位收取的购货款 （2）因提供劳务而应收取的费用 （3）因应收票据到期未收回而转入的款项 （4）因确认的坏账又收回而转回的款项	本期减少额　××× （1）收回的货款 （2）收回的劳务费用 （3）因销售退回而转出的应收账款 （4）因确认坏账而转销的应收账款
本期借方发生额　×××	本期贷方发生额　×××
期末余额　×××	

预收账款账户

借方	预收账款 贷方
	期初余额 ×××
本期减少额 ××× （1）向购货单位发出产品实现的销售货款 （2）退回多付的款项	本期增加额 ××× （1）按合同规定向购货单位预收的货款 （2）购货单位补付的货款
本期借方发生额 ×××	本期贷方发生额 ×××
	期末余额 ×××

应收票据账户

借方	应收票据 贷方
期初余额 ×××	
本期减少额 ××× （1）因销售产品或商品收到的商业票据 （2）因提供劳务收到的商业票据	本期增加额 ××× （1）票据到期收回的金额 （2）票据未到期向银行贴现的票面金额 （3）票据到期未收回而转入“应收账款”的票面金额
本期借方发生额 ×××	本期贷方发生额 ×××
期末余额 ×××	

More

主营业务成本属于企业的主要费用，不同于简单意义上的生产费用或成本，而是一种与实现的收入密切相关的费用，是企业为实现主营业务收入而付出的代价。

登记投资业务凭证

在现实生活中，我们常听说股票“缩水”，现在进入“牛市”了，这些都是投资活动的术语。不仅个人可以进行投资活动，企业同样也可以进行投资活动。

企业投资活动

企业投资活动是企业进行的以盈利为目的的资本性支出活动。企业进行投资活动的结果是为企业带来各种资产，并构成企业从事生产经营的物质基础。我国《企业会计准则（2006）》规定：“投资活动是指企业长期资产的购建或不包括在现金等价物范围的投资及其处置活动。”也就是说，企业的投资可以分为对内投资和对外投资两类。

Tips

投资活动交易或事项纷繁复杂，但我们可以根据常见的固定资产、无形资产、交易性投资或长期股权投资的交易或事项会计分录的介绍，参照解决其他投资活动交易或事项。

固定资产账务处理

固定资产必须是具备以下两个特征的有形资产：一是为生产商品、提供劳务、出租或经营管理而持有；二是使用寿命超过一个会计年度。

固定资产还必须同时满足企业所有资产确认的两个条件：第一，该固定资产包含的经济利益很可能流入企业；第二，该固定资产的成本能够可靠计量。

固定资产的计量包括初始计量和后续计量两个方面。初始计量是指企业在以不同方式取得固定资产时对其成本的确定。后续计量是指企业在固定资产的存续期间，考虑其实际使用状况以及与固定资产成本相关的市场价格变化等因素，对固定资产价值的重新确认，应考虑固定资产在使用过程中发生的物理损耗以及由于技术进步等使设备价值产生的无形损耗，采用不同的方法计提固定资产折旧等。

Tips

固定资产账户期末为借方余额，反映企业期末固定资产的原始价值。

进行固定资产的账务处理应设置“固定资产”“在建工程”“累计折旧”“固定资产清理”“工程物资”和“应交税费”等账户。

企业投资活动交易和事项的主要内容

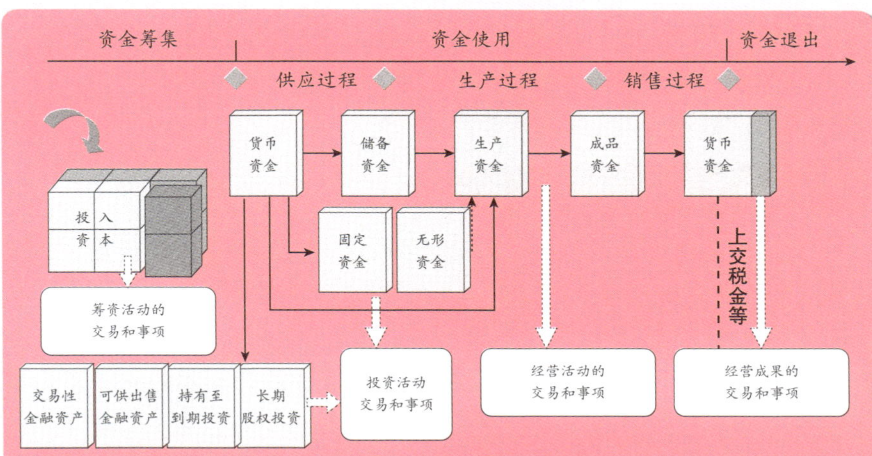

无形资产账务处理

只有同时满足下列条件，才能确认为无形资产：一是与该资产相关的预计未来经济利益很可能流入企业；二是该资产的成本能够可靠计量。

Tips

交易性金融资产交易和事项的主要内容有购买价款的支付、持有期间损益的处理及其处置等。

无形资产的计量包括无形资产的初始计量和后续计量。初始计量是指企业对其取得的无形资产的成本确定。无形资产通常是按实际成本计量，即以取得无形资产并使之达到预定用途而发生的全部支出作为无形资产的成本。后续计量是指无形资产经初始确认和计量后，在使用该项无形资产期间应以成本减去累计摊销额和累计减值损失后的余额计量。需要强调的是，确定无形资产在使用过程中的累计摊销额的基础是估计其使用寿命，只有使用寿命有限的无形资产，才需要在估计的使用寿命内采用系统合理的方法进行摊销。对于使用寿命不确定的无形资产，每年应进行减值测试，并对其减值部分进行必要的账务处理。

进行无形资产交易和事项的账务处理，应设立“无形资产”“累计摊销”和“研发支出”等主要账户。

交易性金融资产账户处理

投资收益是指企业确认的由于对外投资而取得的收益（或发生的损失），包括企业购买股票的股利收入、购买债券的利息收入等。一般而言，企业对外投资从被投资方分得的股利（或利润）、利息即为企业获得的投资收益；当处置对外投资收回金额小于实际投资金额时，即为企业发生投资损失。就交易性金融资产而言，除以上收益外，还包括该类资产在持有期间由于公允价值变动而产生的损益。

进行交易性金融资产交易和事项的账务处理应设置“交易性金融

无形资产的计量

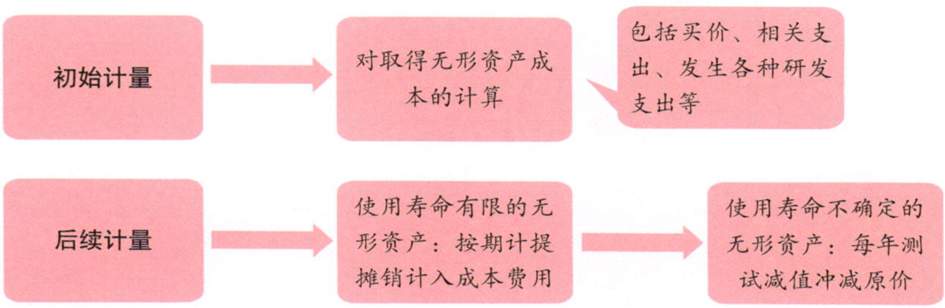

资产”“投资收益”“应收股利”（或“应收利润”）和“应收利息”等主要账户。

长期股权投资账户处理

长期股权投资不同于交易性金融资产，它是企业准备长期持有的权益性投资。长期股权投资可以通过企业合并形成，也可以通过支付现金、非现金资产等方式取得。在不同的取得方式下，都涉及长期股权投资初始成本的确定、长期股权投资在持有期间的损益处理和放弃权益时对长期股权投资的处置，这些构成了长期股权投资交易和事项的基本内容。

在建工程账户

借方　　　　　在建工程	贷方
各项在建工程的实际支出	完工工程转入“固定资产”实际支出
企业尚未达到预定可使用状态的在建工程的成本	

固定资产清理

借方	固定资产清理	贷方
转出固定资产的账面价值； 清理过程应支付的相关税费和其他费用		收回出售固定资产的价款、残料价值和变价收入； 应由保险公司或过失人赔偿的损失
企业尚未清理完毕的固定资产清理净损失		企业尚未清理完毕的固定资产清理净收益
清理完毕，清理净收益结转到“营业外收入”账户		清理完毕，清理净损失结转到“营业外支出”账户

研发支出账户

借方	研发支出	贷方
企业自行开发无形资产发生的研发支出		研究开发项目达到预定用途形成无形资产的，将本科目（资产化支出）的余额转入“无形资产”科目； 期（月）末将本科目归集的费用化支出金额转入“管理费用”科目
企业正在进行无形资产研究开发项目满足资本化条件的支出		

投资收益账户

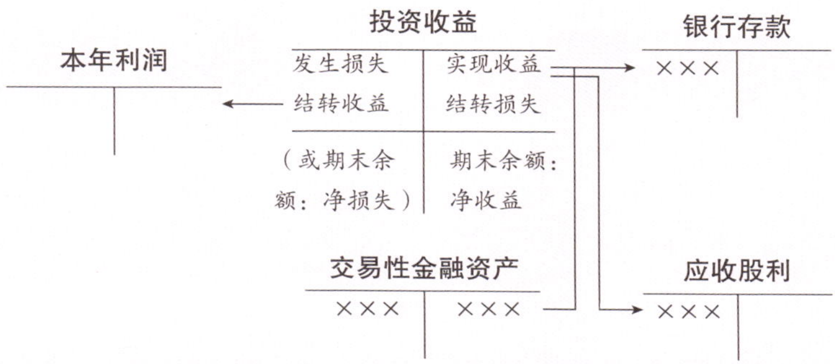

投资收益

账户性质： 收入类

账户结构： 贷方记增加数；借方记减少数；余额在贷方

交易性金融资产 应收股利

账户性质： 资产类

账户结构： 借方记增加数；贷方记减少数；余额在借方

公允价值变动损益账户

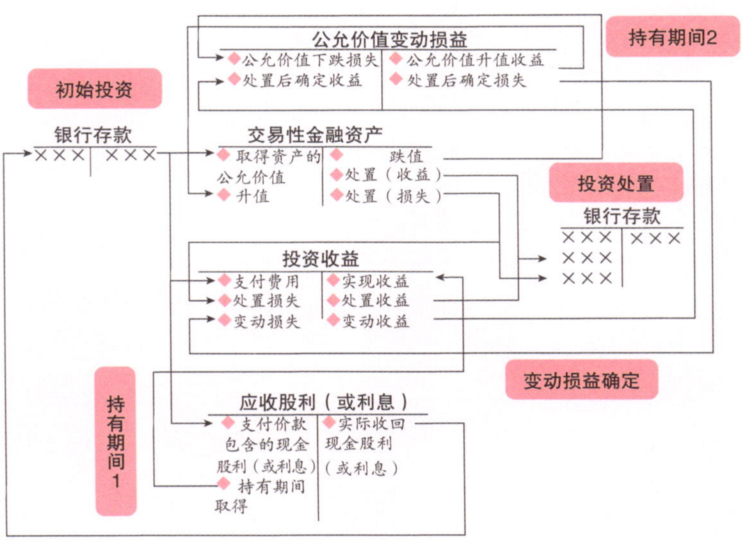

长期股权投资

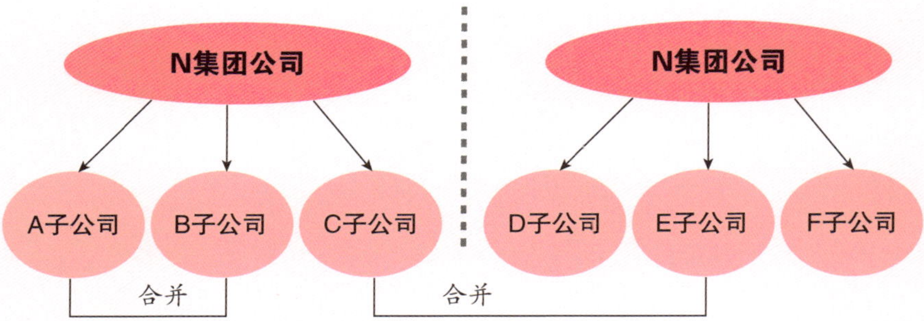

●同一控制下企业合并　　●非同一控制下企业合并

长期股权投资账户

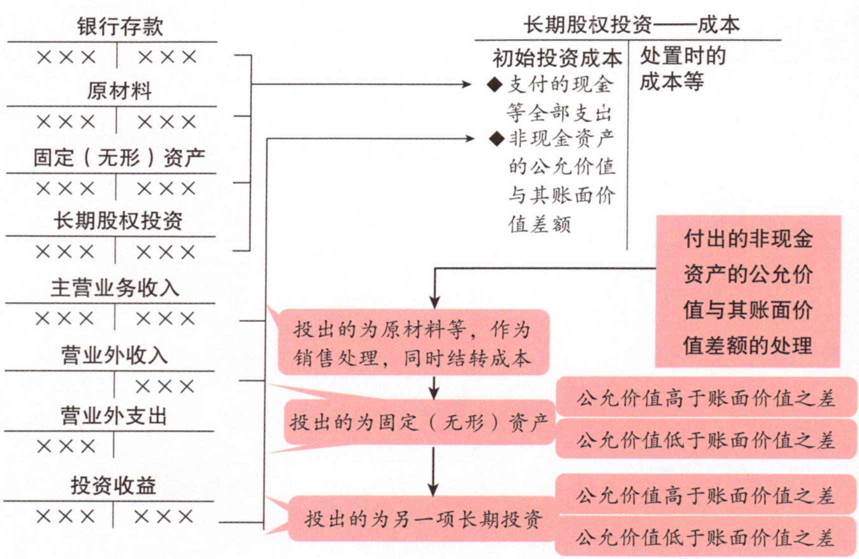

第6章

登记账簿

在会计核算中，对于每一项经济业务，都必须取得并填制会计凭证，因而会计凭证数量很多，又很分散，而且每张凭证只能记载个别经济业务的内容。所提供的资料是零星的，不能全面、连续、系统地反映和监督一个经济单位在一定时期某一类和全部经济业务的活动情况，且不便于日后查阅。

本章教你：

- 记账规则
- 复式记账法
- 借贷记账法
- 日记账的登记
- 总分类账的登记
- 明细分类账的登记
- 更正错账

账簿的设置和登记是编制会计报表的基础，是联结会计凭证与会计报表的中间环节。设置和登记账簿是会计核算的专门方法之一，是会计核算的一个重要环节。账簿是积累会计核算资料的工具，账簿记录是编制会计报表的主要依据，账簿资料是会计分析和会计检查的直接依据，会计账簿是保证财产物资安全、完整的重要手段。

记账规则

家有家法，行有行规。会计工作也是如此，记账工作必须有一定的规则，不能任由会计人员随意为之。为了对会计要素进行核算，反映和监督企业的经济活动，在按一定原则设置了会计科目并按会计科目开设账户之后，企业就需要采用一定的规则和方法将会计要素的增减变动登记在账簿中。

使用账簿的要求

账簿是重要的会计档案。为了确保账簿记录合规和完整，明确记账责任，在启用账簿时，应在账簿封面写上单位名称和账簿名称。在账簿扉页上应附“账簿使用登记表”或“账簿启用表”，以登记相关内容。

启用订本式账簿，对于未印刷序号的账簿，应从第一页到最后一页顺序编定页数，不得跳页、缺号。若使用活页式账页，可以按账页顺序编号，并且定期装订成册，也可以装订后再按实际使用的账页顺序编定页数，另加目录，记明每个账户的名称和页次。

使用账簿的原则

账簿作为重要的会计档案资料和会计信息的主要储存工具，必须按规定的方法，依据审核无误的记账凭证进行登记。进行账簿登记，一般应遵循下列8项原则：

Tips

登记账簿要用蓝黑或黑色墨水书写，但是也有例外。

（1）登记账簿时，将会计凭证日期、编号、业务内容摘要、金额和其他有关资料逐项记入账内。要做到数字准确、摘要清楚、登记及时。

（2）登记完毕后，要在会计凭证上签名或盖章，并标注已经登账的符号，如“√”表示已经记账。

（3）账簿中书写的文字和数字上面要留适当空距，不要写满格，一般应占格长的1/2。

（4）登记账簿要用蓝黑或黑色墨水书写，不得使用圆珠笔（银行的复写账簿除外）或铅笔书写，但下列情况可以用红色墨水记账。

①按照红字冲账的记账凭证，冲销错误记录。

②在不设借贷等栏的多栏式账页中，登记减少数。

③在三栏式账户的余额栏前，如未印明余额的方向，在余额栏内登记负数余额。

④会计制度中规定用红字登记的其他记录。

（5）各种账簿按页次顺序连续登记，不得跳行、隔页。如果发生跳行、隔页，应将空行、空页画线注销，或注明“此行空白”或“此页空白”字样，并由记账人员签名或盖章。

登账符号

转账凭证

2001年 2月15日　　　　转　字第8号

摘　要	一级科目	二级或明细科目	贷方金额	借方金额	记账
生产领用材料	生产成本 原材料	甲产品 钢材	10 000	 10 000	√ √
			10 000	10 000	

附件壹张

会计主管 李鸣　记账 张清　稽核 沈严　填制 方新

记账人员签名或盖章　　　　表明已经记账的符号

账簿的书写

总　　账

会计科目：生产成本

摘　　要	借　　方	贷　　方
领用材料	1 0 0 0 0 0 0	
领用材料	1 0 0 0 0 0 0	

书写正确（占行高二分之一）

书写错误（书写占满格）

结出余额

总　　账

会计科目：原材料

这里的余额方向栏，有余额时写“借”或“贷”

20××年		凭　证		摘　　要	借　方	贷　方	借或贷	余　额
月	日	种类	号数					
2	5			月初余额			借	20 000
	5	转	25	入库	100 000		借	30 000
	7	转	30	出库		5 000	借	25 000
							平	0

没有余额时写“平”

应付账款

借	贷
本月归还 8 000	月初余额 5 000
	本月新欠 3 000
本月合计 8 000	本月合计 3 000

“T”形表示账户中没有余额

空行和空页的处理

总　　账

会计科目：原材料

20××年		凭证		摘要	借方	贷方	借或贷	余额
月	日	种类	号数					
2	5			承前页			借	20 000
	5	转	25	入库			借	30 000
				此行注销 张清				
	7	转	30	出库		5 000	借	25 000

总　　账

会计科目：原材料

20××年		凭证		摘要	借方	贷方	借或贷	余额
月	日	种类	号数					
				此页注销 张清				

（6）凡需要结出余额的账户，结出余额后，应在“借或贷”等栏内写明“借”或“贷”等字样。没有余额的账户，应在“借或贷”等栏内写“平”字，并在余额栏内用0表示。现金日记账和银行存款日记账必须逐日结出余额。

（7）每一账页登记完毕结转下页时，应结出本页合计数及余额，写在本页最后一行和下页第一行有关栏内，并在本页的摘要栏内注明“转后页”字样，在次页的摘要栏内注明“承前页”字样。

（8）由于记账凭证错误而导致账簿记录发生错误，应按已经更正的记账凭证登记账簿进行更正。

结转下页

总　　账

会计科目：原材料

2001年		凭　证		摘　　要	借　方	贷　方	借或贷	余　额
月	日	种类	号数					
2	5			**承前页**			借	20 000
	5	转	25	入库	100 000		借	30 000
	7	转	30	出库		5000	借	25 000
	8			**过次页**	100 000	5000	借	25 000

账面的最后一行

总　　账

会计科目：原材料

2001年		凭　证		摘　　要	借　方	贷　方	借或贷	余　额
月	日	种类	号数					
2	8			**承前页**	100 000	5000	借	25 000

新账页的第一行

More

记账规则初称规则，是指记录经济业务和账簿启用与登记时所应遵守的规则。为了保证账簿记录、成本计算和会计报表不出现差错，登记账簿必须根据审核无误的记账凭证依照记账规则进行。

借贷记账法

借贷记账法起源于13～14世纪的意大利。在这个时期，西方资本主义的商品经济有了长足的发展。在商品交换中，为了适应商业资本和借贷资本经营者管理的需要，借贷记账法逐步形成了。借贷记账就是以“借”“贷”二字作为记账符号，记录会计要素增减变动情况的一种复式记账法。学习借贷记账法，必须认真掌握它的理论基础、记账符号、账户结构、记账规则和试算平衡。

借贷记账法的内涵

借贷记账法的对象是会计要素的增减变动过程及其结果。这个过程及结果可用公式表示为：

资产＝负债＋所有者权益

收入－费用＝利润

资产＝负债＋所有者权益＋（收入－费用）

资产＋费用＝负债＋所有者权益＋收入

资产－负债－所有者权益＝0

Tips

会计等式对记账方法的要求决定了借贷记账法的账户结构、记账规则、试算平衡的基本理论，所以说会计恒等式是借贷记账法的理论基础。

上述会计等式主要揭示了3个方面的内容：

第一，会计主体内各会计要素之间的数字平衡关系。

第二，各会计要素增减变化的相互联系。

第三，等式有关因素之间是对立统一的关系。

这三个方面的内容贯穿了借贷记账法的始终。

数量平衡关系要求：每一次记账的借方、贷方金额是平衡的；一定时期内，账户的借方、贷方的金额是平衡的；所有账户的借方、贷方余额的合计数是平衡的。增减变化的相互联系要求：在一个账户记录的同时必然要有另一个或两个以上账户的记录与之对应。

对立统一关系要求：按相反方向记账。从一个账户来看是相反方向记账，借方记录增加额，贷方一定记录减少额；反之亦然。

借贷记账法的内容

借贷记账法的账户基本结构是：每一个账户都分为“借方”和“贷方”，一般来说，规定账户的左方为“借方”，账户的右方为“贷方”。如果我们在账户的借方记录经济业务，可以称为“借记某账户”；在账户的贷方记录经济业务，则可以称为“贷记某账户”。

会计等式的内容

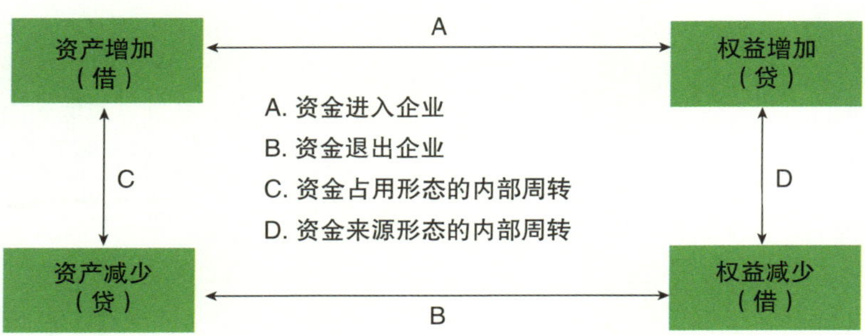

采用借贷记账法时，账户的借贷两方必须做相反方向的记录。即对于每一个账户来说，如果规定借方用来登记增加额，则贷方就用来登记减少额；反之亦然。究竟哪个账户的哪一方用来登记增加额，哪一方用来登记减少额，要看账户反映的经济内容和账户的性质。不同性质的账户，其结构是不同的。

账户基本结构

借方		账户名称		贷方
期初余额	××× ××× ×××		期初余额	××× ××× ×××
本期借方发生额	×××		本期贷方发生额	×××
期末余额	×××		期末余额	×××

“借”“贷”二字作为记账符号所代表的经济含义是不一样的。“借”字表示资产的增加、费用成本的增加、负债及所有者权益的减少、收益的转销。“贷”字表示资产的减少、费用成本的转销、负债及所有者权益的增加、收益的增加。

借、贷的含义

借方	账户名称	贷方
资产的增加		资产的减少
负债的减少		负债的增加
所有者权益的减少		所有者权益的增加
收入的减少		收入的增加
费用成本的增加		费用成本的减少
利润的减少		利润的增加

日记账的登记

日记账，顾名思义，是根据办理完毕的收、付款凭证，随时按顺序逐笔登记，最少每天登记一次。日记账是按照经济业务发生或完成的先后顺序进行逐笔登记的账簿。日记账可以分为普通日记账和特种日记账。特种日记账一般分为现金日记账、银行存款日记账和转账日记账 3 种。由于现金日记账和银行存款日记账在会计实务处理中具有很强的代表性，所以我们要特别对待。

登记日记账的要求

登记日记账，有以下要求。

（1）为了使账簿记录保持清晰，字迹必须工整。

（2）账簿中书写的文字和数据适当留空，不要写满格；书写文字应紧靠左线，书写数据应紧靠底线；登记日记账时，文字和数字书写要规范、准确；不得使用不规范的简化字，不得使用音同义不同的字，不得写怪体字；摘要文字要紧靠左线，金额应写在金额栏内，不得错位、参差不齐。

（3）出纳人员应每天逐笔登记已发生的经济业务，且按日记出余额。在“借或贷”栏内写明“借”或“平”字。现金日记账余额每天还要与库存现金进行核对。

（4）在登账过程中出现错误时，应采用正确的方法予以更正，不得刮擦挖补。

Tips

任何经济单位都应设置现金日记账和银行存款日记账，用于序时核算现金和银行存款的收入、付出和结存情况，借以加强对货币资金的管理。

（5）对于认为有问题的会计凭证，出纳人员应提交会计主管人员进一步审核，在审核结果未出来前，出纳人员可以拒绝入账。

（6）作为日记账，必须用订本账，不能用活页账。订本账的账页数固定，页码必须事先印在账页上，记账时，账本不能随意丢页、隔页、跳行等。跳行时，应注明“此行空白”。隔页时，应注明“此页空白”。

现金日记账的登记

现金日记账是出纳人员根据现金收款凭证和现金付款凭证以及银行存款的付款凭证，按照经济业务发生的先后顺序，逐日、逐笔登记的。

现金日记账的结构一般采用“收入”“支出”“结余”三栏式。现金日记账中的“日期”“凭证字号”“摘要”和“对方科目”等栏根据有关记账凭证登记。“收入”栏根据现金收款凭证和引起现金增加的银行存款付款凭证登记从银行提取现金，只编制银行存款付款凭证；“支出”栏根据现金付款凭证登记。每日终了，应计算全日的现金收入、支出合计数，并逐日结出现金余额，与库存现金实存数进行核对，以检查每日的现金收付是否有误。每月期末，应结出当期“收入”和“支出”的发生额以及期末余额，并与“现金”总分类账户核对一致，做到日清月结、账实相符。如账实不符，应及时查明原因。

银行存款日记账的登记

银行存款日记账应按各种存款分别设置。银行存款日记账通常也是由出纳员根据审核后的有关银行存款收、付款凭证，逐日、逐笔顺序登记的。对于现金存入银行的业务，存款的收入数应根据现金付款凭证登记。

登记现金日记账

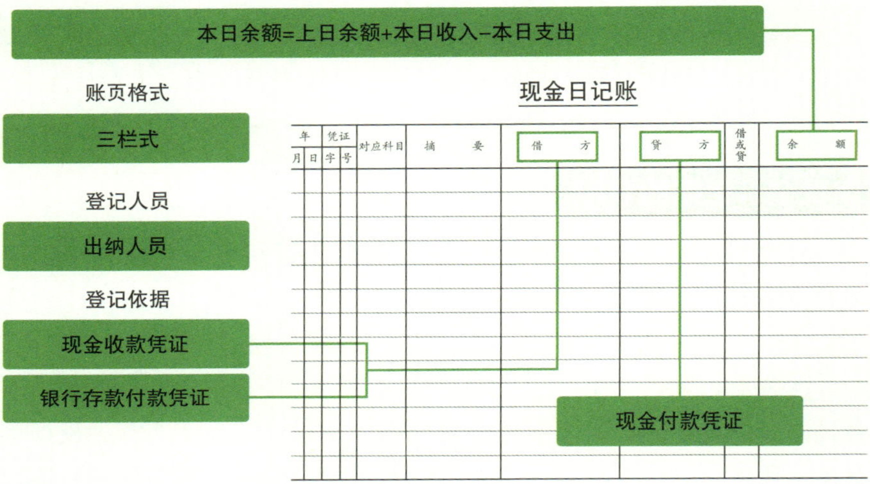

登记库存现金日记账

填列收、付款凭证日期

填列分录中现金科目的对方科目

每日业务终了计算填列

库存现金日记账

（三栏式）

20××年		凭证		摘要	对方科目	收入	付出	结余
月	日	种类	号数					
3	1			月初余额				200
	1		银付1	从银行提取现金	银行存款	1 000		1 200
	1		现付2	借款	其他应收款		1 000	200
	1	现收1		交回余款	其他应收款	250		450

填列收、付款凭证种类与编号

简明扼要说明经济业务内容

根据收、付款凭证所列金额填列

登记银行存款日记账

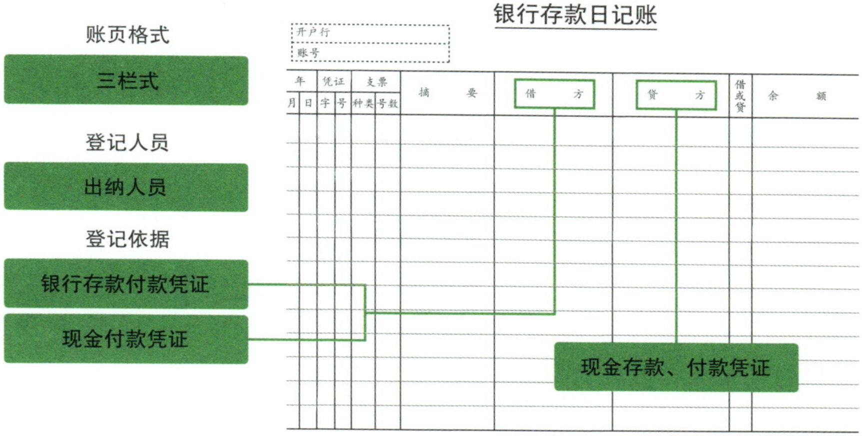

登记银行存款日记账

登记方法与现金日记账相同

登记分录中银行存款的对方科目

银行存款日记账
（三栏式）

20××年		记账凭证	摘要	结算凭证		对方科目	收入	付出	结余
月	日			种类	号数				
3	1		月初余额						200 000
	1	银付1	提取现金	现金支票	0356	现金		5 000	195 000
	1	现付2	销售收入	转账支票	2375	主营业务收入	35 100		230 100
	1	现收1	付款材料	转账支票	0431	物资采购		46 800	183 300

登记结算凭证的种类与号码

登记方法与现金日记账相同

登发生额：

库存现金日记账

2009年		凭证字号	摘要	对方科目	借方（收入）	贷方（支出）	借或贷	余额
月	日							
3	1		期初余额				借	2 000
	1	**记1＃**	**提现**	**银行存款**	**1 000**		**借**	**3 000**

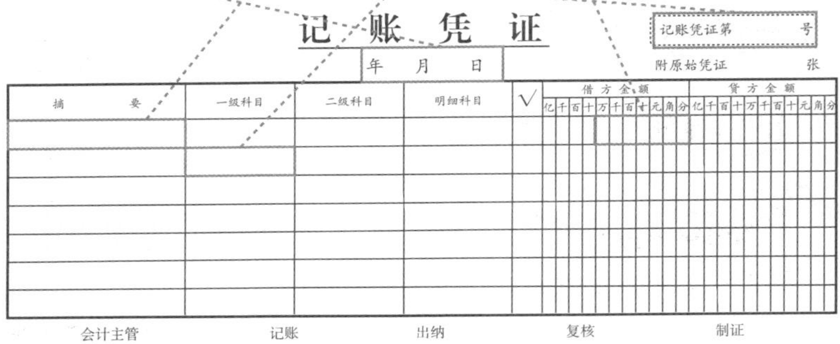

例，2009年3月3日，东关汽车厂厂长借支差旅费900元，付给现金。

库存现金日记账

2009年		凭证字号	摘要	对方科目	借方（收入）	贷方（支出）	借或贷	余额
月	日							
3	1		期初余额				借	2 000
	1	记1＃	提现	银行存款	1 000		借	3 000
	3	**记2＃**	**借支差旅费**	**其他应收款**		**900**	**借**	**2 100**

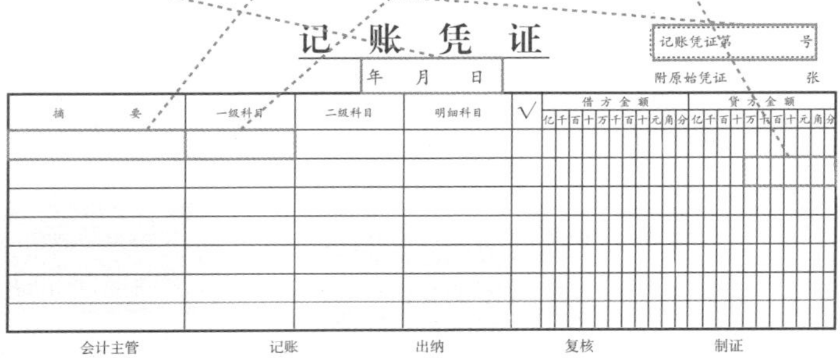

总分类账的登记

总分类账是按总分类科目开设分类登记全部经济业务的账簿。在总分类账中，应按照总账会计科目的编码顺序分别开设账户，由于总分类账一般都采用订本式账簿，因此，应事先为每一个账户预留若干账页。总分类账不仅能够全面、总括地反映经济业务情况，为会计报表的编制提供资料，同时也对其所属的各明细账起控制和统驭作用，所以任何单位都必须设置和登记总分类账。

登记总分类账的方法

不论采用哪种方法登记总账，每月都应将本月发生的经济业务全部登记入账，并于月份终了结算出每个账户的本期借贷方发生额及其余额，与所属明细账余额的合计数核对相符后，作为编制会计报表的主要依据。

（1）“日期”栏，在逐日、逐笔登记总账的方式下，填写业务发生的具体日期，即记账凭证的日期；在汇总登记总账的方式下，填写汇总凭证的日期。

（2）“凭证字、号”栏，填写登记总账所依据凭证的字和号。在依据记账凭证登记总账的情况下，填写记账凭证的字、号；在依据科目汇总表的情况下，填写“科汇”字及其编号；在依据汇总记账凭证登记总账的情况下，填写“现（银）汇收”字及其编号、“现（银）汇付”字及其编号和“汇转”字及其编号；在依据多栏式日记账登记总账的情况下，可填写日记账的简称，如库存现金收入日记账可缩写为“现收账”，库存现金支出日记账可缩写为“现支账”，银行存款多栏式日记账的缩写方法与库存现金多栏式日记账的缩写方法相同。

（3）“摘要”栏，填写所依据凭证的简要内容。对于依据记账凭证登记总账的单位，应与记账凭证中的摘要内容一致；对于依据科目汇总表登记总账的单位，应填写“某月科目汇总表”或“某月某日的科目汇总表”字样；对于依据汇总记账凭证总账的单位，应填写每一张汇总记账凭证的汇总依据，即是依据第几号记账凭证至第几号记账凭证而来的；对于依据多栏式日记账登记总账的单位，应填写日记账的详细名称。

（4）“对方科目”栏，填写与总账账户发生对应关系的总账账户的名称。

（5）“借方、贷方金额”栏，填写所依据凭证上记载的各总账账户的借方或贷方发生额。

（6）“借或贷”栏登记余额的方向，如余额在借方，则写“借”字；

总分类账登记要求

登记记账凭证日期

根据记账凭证所列金额填列

总　账（三栏式）

会计科目：原材料

20××年		凭证		摘要	借方	贷方	借或贷	余额
月	日	种类	号数					
3	1			月初余额			借	30 000
	1	转	1	甲材料入库	10 000		借	40 000
	2	转	2	发出甲材料		5 000	借	35 000
				（以下略）				
3	31			本月合计	50 000	35 000	借	45 000

登记记账凭证种类与编号

简明扼要说明经济业务内容

根据余额性质填列

计算填列

总分类账格式

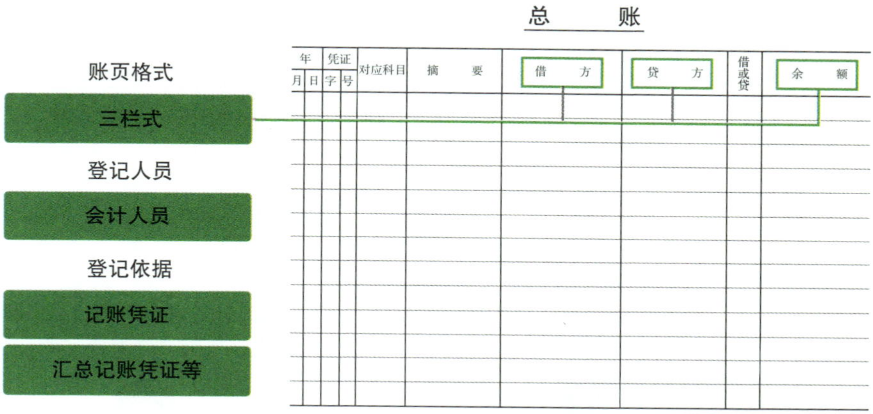

如余额在贷方，则写“贷”字。如果期末余额为零，则在“借或贷”栏写“平”字，并在“余额”栏的中间画“—”。

总分类账样图

总 分 类 账

第××页

会计科目及编号 6001 主管业务收入

2007年 月	日	凭证字号	摘要	借方	√	贷方	√	借或贷	余额
10	02	记03	销A产品			10 000 000		贷	10 000 000
	05	记14	销A产品			20 000 000		贷	30 000 000
	26	记55	销A产品			40 000 000		贷	70 000 000
	31	记96	结转收入	70 000 000				平	~~0~~
			本月合计	70 000 000		70 000 000			
			本年累计	970 000 000		970 000 000			
10	01	记07	销A产品			5 000 000		贷	5 000 000
	02	记18	销A产品			5 000 000		贷	10 000 000
	05	记55	销A产品			8 000 000		贷	18 000 000
			过次页			18 000 000		贷	

明细分类账的登记

明细分类账是按照各个明细账户开设用于记录某一总分类账户详细指标的账簿。根据各单位的实际需要，可以按照二级科目或三级科目开设账户，用来分类、连续地记录有关资产、负债、所有者权益、收入、费用及利润的详细资料，提供编制会计报表所需要的数据。因此，各核算单位在按照总分类账户设置总分类账的同时，还应按明细分类账户设置明细分类账。

明细分类账的分类

根据经济管理的需要和各明细分类账记录内容的不同，明细分类账可以用三栏式、数量金额式和多栏式等 3 种格式。

Tips

三栏式明细分类账主要适用于只要求提供价值指标的账户，如应收账款、短期投资、长期投资、应付账款、实收资本等。

三栏式明细分类账

三栏式明细分类账在账页中只设有借方、贷方和余额 3 个金额栏。在实际工作中，为区别总分类账中的三栏式，将明细账中的三栏式称为“甲式账”。

三栏式明细分类账是由会计人员根据审核后的记账凭证，按经济业务的发生时间先后顺序逐日、逐笔进行登记的。“日期”栏登记经济业务发生的具体时间，与记账凭证的日期一致；“凭证字、号”栏登记原始凭证或记账凭证的种类和编号；“摘要”栏登记业务的简要内容，通常和记账凭证中的摘要内容是一致的；“借方、贷方金额”栏登记账户的借方、贷方发生额；“借或贷”栏登记余额的方向；“余额”栏登记每笔业务发生后该账户的余额。

数量金额式明细账

数量金额式明细账的账页，设有入库、出库和结存三大栏次，并在每一大栏下设有数量、单价和金额3个小栏目。这种格式适用于既要进行数量核算，又要进行金额核算的各种财产物资类账户，如“原材料”“库存商品”等账户的明细分类核算。在实际工作中，将数量金额式明细分类账称为“乙式账”。

三栏式明细账

登记记账凭证日期

根据记账凭证所列金额填列

明细账（三栏式）

会计科目：应付款项——东方工厂

20××年		凭证		摘要	借方	贷方	借或贷	余额
月	日	种类	号数					
3	1			月初余额			借	30 000
	1	转	1	购买甲材料		10 000	借	40 000
	2	银付	2	归还货款	5 000		借	35 000
				（以下略）				
3	31			本月合计	50 000	35 000	借	45 000

登记记账凭证凭证种类与编号

简明扼要说明经济业务内容

根据余额性质填列

计算填列

数量金额式明细账的具体登记方法主要如下：

（1）“日期”栏登记经济业

Tips

数量金额式明细账可以由会计人员根据原始凭证按照经济业务发生的时间先后顺序逐日、逐笔进行登记，也可以由仓库保管员根据原始凭证按照时间先后顺序逐日、逐笔进行登记。

务发生的具体日期，应与原始凭证的日期一致。

（2）“凭证字、号”栏按证明业务发生或完成的原始凭证进行登记，一般情况下，原材料增减业务的原始凭证叫收料单（简称“收”字）、领料单（简称“领”字）和限额领料单（简称“限领”字）；库存商品增减业务的原始凭证叫入库单（简称“入”字）、出库单（简称“出”字）。

（3）“摘要”栏登记业务的简要内容，文字力求简练并能说明问题。

（4）“收入”“发出”和“结存”栏的登记，例如，原材料明细账的登记内容如下。

“收入”栏：序时登记实际入库原材料的数量、单价和金额。

“发出”栏：序时登记实际出库原材料的数量、单价和金额。如何登记及登记时间取决于企业所采用的期末存货计价方法，在采用月末一次加权平均法下，根据计算出的加权平均单价、按照加权平均单价和实际出库的数量计算的总额，填列在“月结”行的“单价”栏内和“金额”栏内。

“结存”栏：序时登记结存数量，“单价”栏和“金额”栏的登记与

数量金额式明细账

原材料明细账

材料类别：原料
材料名称或规格：圆钢
材料编号：0164

填写明细核算内容的相关资料

计量单位：千克
存放地点：8号库
储备定额：8000千克

计算填列

20××年		凭证号数	摘要	借方（收入）			贷方（发出）			借或贷	余额（结存）		
月	日			数量	单价	金额	数量	单价	金额		数量	单价	金额
3	1		月初余额							借	4000	1.8	7 200
	7	转10	入库	1000	1.5	1500					4000	1.8	7 200
											1000	1.5	1 500
	10	转32	发出				2000	1.8	3600		2000	1.8	3 600
											1000	1.5	1 500
3	31	--	本月合计	1000	--	1500	2000	--	3000	借	3000	1.5	4500

根据领用出库数量填列

日期、凭证和摘要等填法同前

根据验收入库数量填列

根据材料成本计算结果填列

计算填列

可采用先出先进、后出先进、加权平均等方法计算填列

“发出”栏的相应栏次相同。

多栏式明细分类账

多栏式明细分类账是指根据经济业务的特点和经营管理的需要，在一张账页内记录某一科目所属的各明细科目的内容，按该总账科目的明细项目设专栏记录。多栏式明细分类账又可分为借方多栏式、贷方多栏式和借贷方多栏式 3 种格式。

借方多栏式明细账，在账页中设置借方、贷方和余额 3 个金额栏，并在借方按照明细科目或明细项目分设若干栏目，或者单独开设借方金额分析栏。这种格式的账页适用于借方需要设置多个明细科目或明细项目的成本或费用类账户，如“材料采购”明细账、“生产成本”明细账、“管理费用”明细账、“制造费用”明细账等。

借方多栏式明细账依据审核后的记账凭证和原始凭证，按照业务发生的时间先后顺序进行登记。借方多栏式明细账一般适用于只有借方项目的发生额，而贷方只在月末发生一次并且与借方项目相同的账户的明细分类核算。因此，借方多栏式明细账一般为每一明细项目设置一个

借方多栏式明细账

业务日期、凭证和摘要等内容的填列方法同前

制造费用明细账

（只按借方发生额设置专栏的多栏式）

有关费用发生时，均在预先按借方设置的相关栏次中登记

2001年		凭证号数	摘　要						
月	日								
3	1		月初余额	3 000	420	2 800	200		6420
	5	转5	分配工资	5 500					11 920
	5	转6	提取福利费		770				12 690
	15	付7	购办公服务器				300		12 990
	31	转33	提取折旧			3 200			16 190
	31	转34	分配	8 500	1 190	6 000	500		16 190

月末分配制造费用时应用红字登记，反映对制造费用的冲减

金额栏，登记该项目一个方向（借方）的发生额，对于另一个方向（贷方）的发生额，则在该栏目内用“红字”记录，以表示对该项目金额的减少数或转出数。

贷方多栏式明细分类账是在账页中设置借方、贷方和余额 3 个金额栏，并在贷方按照明细科目或明细项目分设若干栏，或者单独开设贷方账户，如“营业外收入”明细账和“主营业务收入”明细账等。

贷方多栏式明细分类账是根据审核后的记账凭证和原始凭证，按照业务发生的时间先后顺序逐日、逐笔进行登记的。因此，贷方多栏式明细账一般为每一明细项目设置一个金额栏，登记该项目一个方向（贷方）的发生额，对于另一个方向（借方）的发生额，则在该

Tips

贷方多栏式明细账一般适用于只有贷方项目的发生额，而借方只在月末发生一次且与贷方项目相同的账户明细分类核算。

贷方多栏式明细账

主营业务收入明细账

（只按借方发生额设置专栏的多栏式）

20××年		凭证号数	摘　要	贷		方			合　计
月	日			A产品	B产品	C产品	D产品	……	
4	1	银收1	销售A产品	30 000					30 000
	8	转8	销售B产品		50 000				80 000
	30	转18	销售B产品		3 000				83 000

应交税费明细账

（分别按借方、贷方发生额设置专栏的多栏式）

年		凭证号数	摘　要	借	方		贷	方			余额
月	日			进项税额	已交税额	合计	销项税额	进项税额转出	出口退税	合计	

栏目内用“红字”记录，以表示对该项目金额的减少数或转出数。

借贷方多栏式明细分类账是在账页中设有借方、贷方和余额3个金额栏，并同时在借方和贷方栏上设置若干个明细科目或明细项目进行登记的账簿。它适用于借方、贷方均需要设置多个栏目进行登记的账户，如“本年利润”明细账、“应交税费——应交增值税”明细账、“材料采购”明细账、“材料成本差异”明细账等。借贷方多栏式明细账应根据记账凭证，对各明细项目的借方、贷方进行逐日、逐笔登记。

More

明细分类账的格式根据经营管理的要求及经济业务内容的不同，采用不同的格式。不同格式的明细分类账填写方法大相径庭，适用的会计对象也是不同的，并且总账与其所属的各明细账必须采用平行登记的方法进行记录。

第7章

成本计算

一部三星手机，价格为什么是人民币4000多元？一辆保时捷汽车的价格，为什么是人民币100多万元？这与该商品的生产成本是密切相关的。一件产品的完成，必然会消耗一定的人力、财力、物力，这些耗费的货币表现称为费用。费用按一定的对象进行归集和分配，构成该对象的成本。将供应过程中支付的材料买价、采购费用按各种材料进行归集，构成材料采购成本；将生产过程中发生的各种生产费用按各种产品归集，构成产品的生产成本。因此，成本计算就是将生产经营过程中所发生的各种耗费，按各个对象进行归集和分配，借以确定各个对象的总成本和单位成本的过程。

本章教你：

- 成本计算对象
- 成本计算期
- 选择成本计算方法
- 设置成本项目
- 直接材料成本
- 直接人工成本
- 制造费用
- 费用分配

成本计算对象

所谓成本计算对象，就是费用归集的对象，或者说是成本归属的对象。进行成本计算，首先必须确定成本计算对象。如果成本计算对象不准确或不恰当，就会大大增加成本计算的难度，导致计算出来的成本不能满足企业管理的需要，甚至不能完成成本计算的任务。

成本计算对象

为了正确计算产品成本，首先要确定成本计算对象，然后按照成本计算对象设置产品成本明细账或者成本计算单，用以归集各个对象应承担的生产费用，计算出对象的总成本和单位成本。

Tips

成本计算对象所要解决的是成本计算的范围和依据，其实质就是要解决在哪个范围计算何种成本的问题。

影响成本计算对象的因素

成本计算对象存在于产品的生产过程中，受以下因素影响：

（1）生产工艺过程——生产工艺过程可分为分阶段生产和不分阶段生产两种形式。

（2）生产组织——企业生产组织不同，成本计算对象也不尽相同。

（3）成本管理要求——成本管理要求不同，即使是同一生产工艺过程生产的产品，成本计算对象也有可能不一样；而不同生产工艺过程生产的产品，成本计算对象也有可能一致。

影响成本计算对象的因素

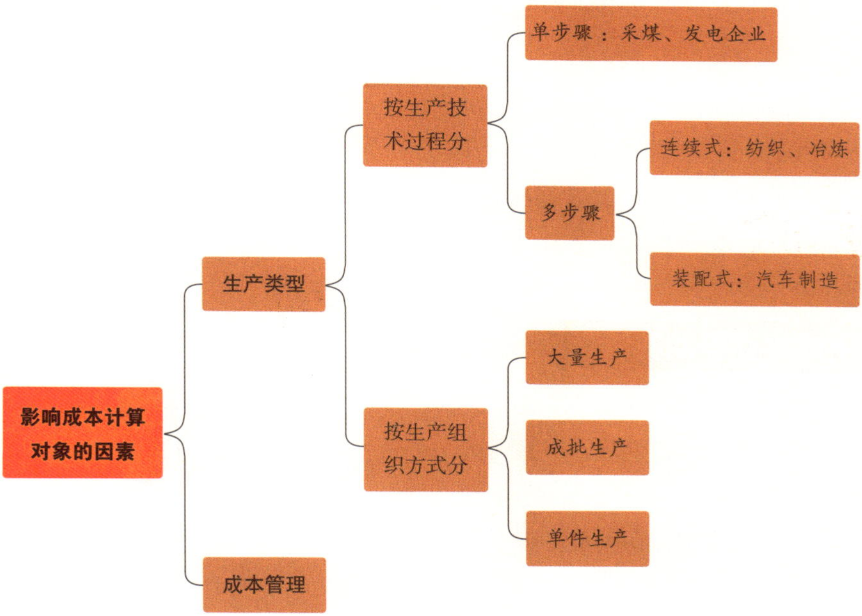

More

成本计算对象是成本计算的范围和依据，不同部门、行业的生产特点存在较大差异，按照工业生产的一般特点，可分为生产组织特点和生产工业特点两方面，它们都会不同程度地影响成本计算方法的选择。

成本计算期

所谓成本计算期，就是多长时间计算一次产品成本。从产品生产成本的形成过程看，产品生产完工之时，才是产品生产成本完全形成之日。产品成本计算期的确定受企业生产组织特点的影响。为了使产品生产成本的计算比较准确，产品生产成本计算期最好同产品的生产周期保持一致。

成本计算期的概念

成本计算期是指产品成本计算所确定的特定期限。产品成本计算期的确定一般与企业所生产产品的特点有密切关系。成本计算期与产品生产周期不一致。如果成本计算期与产品生产周期一致，则成本计算过程可以与生产过程同步进行，否则就取决于管理要求，或按月进行计算，或到成本周期结束时计算，或采用其他计算方法。

Tips

成本计算期与会计核算期是不同的概念，不论成本计算是否定期，会计核算期都是按月进行的，也就是说，在任何情况下，各月发生的生产费用必须按月进行归集。

在大量、大批生产的情况下，由于产品生产的不间断性和品种的单一性，必然造成在每个月都有一部分产品完工、一部分产品尚未完工的现象，为了能及时计算完工产品的成本，并按期计算产品的销售利润，必须按月进行成本计算，使成本计算期与会计核算期保持一致。

成本计算期的影响

成本计算期的不同会对产品计价产生直接的影响。在单件小批量

成本计算周期因素图

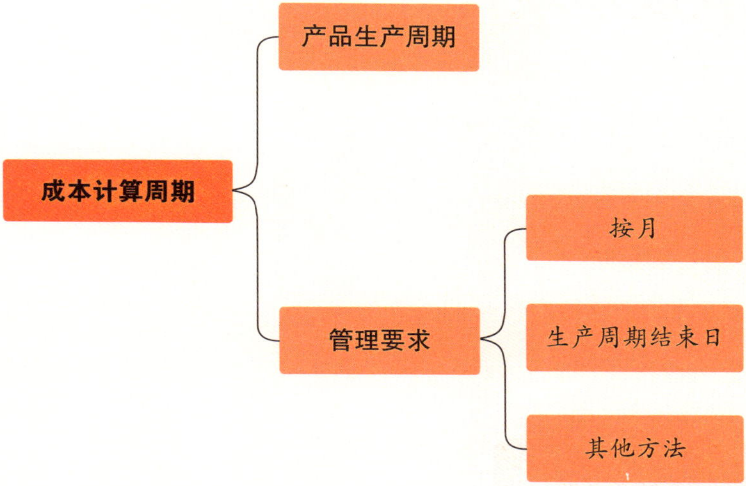

生产的情况下，由于成本计算是不定期的，所以就不需要对产品进行计价。整批产品在完工以前都是在产品，一旦完工后，都作为产成品。在大批、大量生产条件下，由于成本计算期是按月进行的，所以就需要将生产费用按月在完工产品与在产品之间进行合理的划分，以便正确计算完工产品成本与在产品成本。

设置成本项目

工业企业的各种费用按其经济用途，分为生产经营管理费用和非生产经营管理费用。生产经营管理费用还分为计入产品成本的生产费用和不计入产品成本的经营管理费用。计入产品成本的生产费用在生产过程中的用途各不相同，有的直接用于产品生产，有的间接用于产品生产。为了具体反映计入产品成本的生产费用的各种用途，还应将其进一步划分为若干个项目，即产品生产成本项目，简称产品成本项目或成本项目。

产品成本项目概念

产品成本项目一般是指计入产品成本的费用按经济用途划分的项目，是对产品成本构成内容所做的分类。设置成本项目可以反映产品成本的构成情况，满足成本管理的目的和要求；有利于了解企业生产费用的经济用途，便于企业分析和考核产品成本计划的执行情况。

产品成本项目设置

产品成本项目要根据管理上的要求确定，一般可设置“直接材料”“直接人工”和“制造费用”3 个项目。

（1）直接材料是指企业在生产经营过程中实际消耗的原材料、辅助材料、备品配件、外购半成品、燃料、动力、包装物、低值易耗品的原价和运输、装卸、整理等费用。

（2）直接人工是指企业直接从事产品生产人员的工资及其福利费。

（3）制造费用是指各个基本生产车间和辅助生产车间为组织和管理生产所发生的费用和其他生产费用，如车间管理人员的工资及福利费、车间房屋建筑物和机器设备的折旧费、租赁费、修理费、机物料消耗

成本项目设置

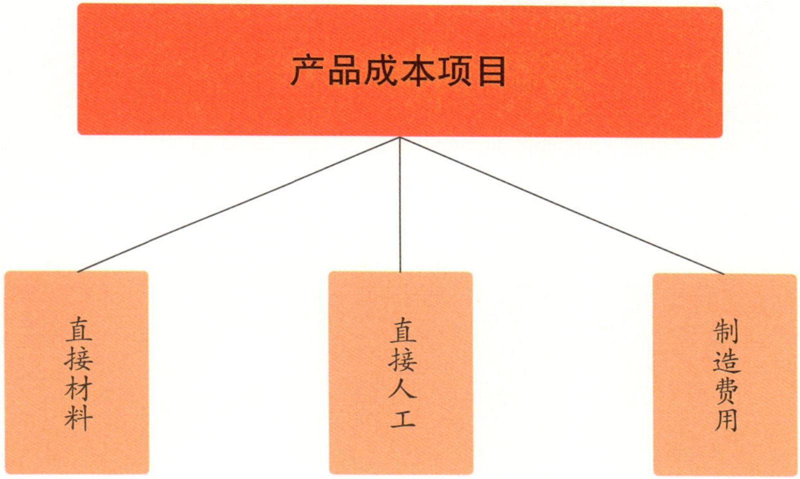

费、水电费、办公费等。

由于生产的特点、各种费用支出的比重及成本管理和核算的要求不同，各企业可根据具体情况，增设“废品损失”成本项目。如果企业耗用的燃料和动力较多，可增设“直接燃料和动力”成本项目等。

More

产品成本项目一般可设置“直接材料”“直接人工”和“制造费用”3个项目，具体地反映计入产品成本的生产费用的各种用途。

直接材料成本

直接材料是指企业生产产品和提供劳务的过程中所消耗的、直接用于产品生产、构成产品实体的各种材料及主要材料、外购半成品以及有助于产品形成的辅助材料等。直接材料成本是指直接用于产品生产的材料成本，包括标准用量和标准单位成本两方面。材料标准用量，第一，要根据产品的图纸等技术文件进行产品研究，列出所需的各种材料以及可能的代用材料，并要说明这些材料的种类、质量以及库存情况。第二，通过对过去用料经验的记录进行分析，采用其平均值，或最高与最低值的平均数，或最节省的数量，或通过实际测定或技术分析等数据，科学地制订用量标准。

直接材料分类

直接材料可分为生产物料成本和燃料动力成本。生产物料成本是指工厂在生产产品的过程中所消耗的用于产品生产的物料，如原材料、包装物等耗费的成本。燃料动力成本是指工厂为生产产品而从外部购入各种燃料和动力所产生的成本。

直接材料成本计算

直接材料的标准成本是由直接材料耗用量标准和直接材料价格标准决定的。

直接材料耗用量标准即直接材料消耗定额，是指单位产品需耗用的各种直接材料的数额。确定生产某一特定单位产品所耗用的材料数量，可以根

Tips

制订直接材料数量标准时需要考虑的主要因素有单位产品应耗用的直接材料数量、生产中的必要损耗以及不可避免的废品损失所耗用的直接材料数量等。

生产物料成本构成

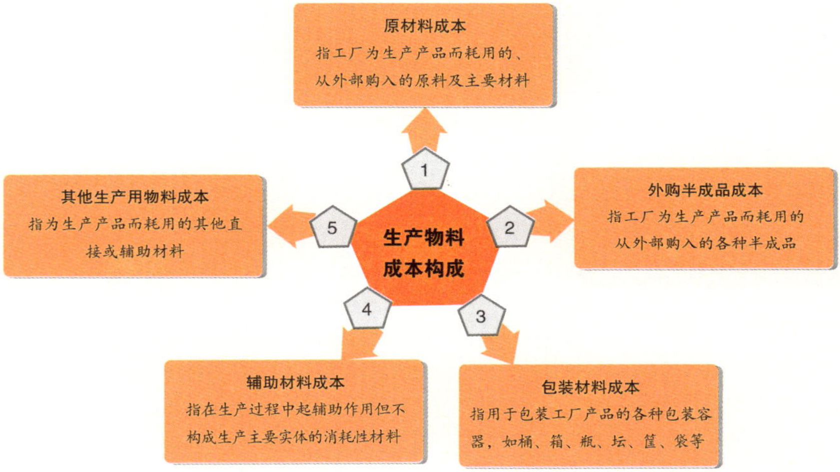

据产品的设计、生产工艺状况进行研究，还可以以过去的经验为根据科学地制订标准。

材料的价格标准可以采用现行或预期的价格标准，也可采用正常的价格标准。前者是最合乎需要和最有效的标准，后者往往是材料的统计或平均价格标准。当采用现行或预期价格标准时，要视有无长期购料合同、库存材料价格及市场预测等来确定，应包括发票价格、运输费用、运输途中损耗和装卸检验费。另外，还要注意考虑以下几方面：确定最佳采购批量获得的优惠价格；实现最低成本所采用的装运和储藏的最佳方法；使用商业信誉可能节约的成本和降低的价格。

对于需要耗用多种材料的产品，在确定了各种材料的数量标准和价格标准之后，可以根据下述公式计算得到直接材料的标准成本：

直接材料标准成本=∑（单位产品某种材料的用量标准×该种材料的价格标准）

直接人工成本

直接人工成本是指直接用于产品生产的人工成本。在制订产品直接人工成本标准时，首先要对产品生产过程加以研究，研究有哪些工艺，有哪些作业或操作、工序等。其次要对企业的工资支付形式、制度进行研究，以便结合实际情况制订标准。

直接人工的概念

Tips

由于生产工人直接从事产品生产，人工费用的发生能够判明应由哪种产品负担，因此，这些费用发生后应直接归集到各产品成本中去。

企业知道使用劳动力所付出的代价，可以了解产品成本和人工成本的主要支出方向，可以及时、有效地监督、控制生产过程中的费用支出，改善支出结构、节约成本、降低产品价格、提高市场竞争力，使企业可以根据自己的情况，找到合适的人工成本的投入产出点。

直接人工成本构成主要包括生产人员工资和生产人员福利。

生产人员工资主要是指在生产产品的过程中，直接从事生产一线的工人工资、奖金和津贴等。生产人员福利费主要是指工厂为生产人员提供的，除工资、奖金、津贴、纳入工资总额管理的补贴、职工教育经费、社会保险费、补充养老保险费、补充医疗保险费及住房公积金以外的福利待遇支出，包括发放给生产人员或为生产人员支付的各项现金补贴和非货币性集体福利。

单位产品的直接人工标准成本可以通过如下公式制订：

直接人工标准成本=单位产品直接人工的标准工时×每小时标准工资额

其中，工资额标准，若采用计件工资制，就是按单位产品应支付的计件单价；若采用计时工资制，就是指每一标准工时应分配的工资，应按现行工资制度所定的工资水平计算确定。

生产人员工资

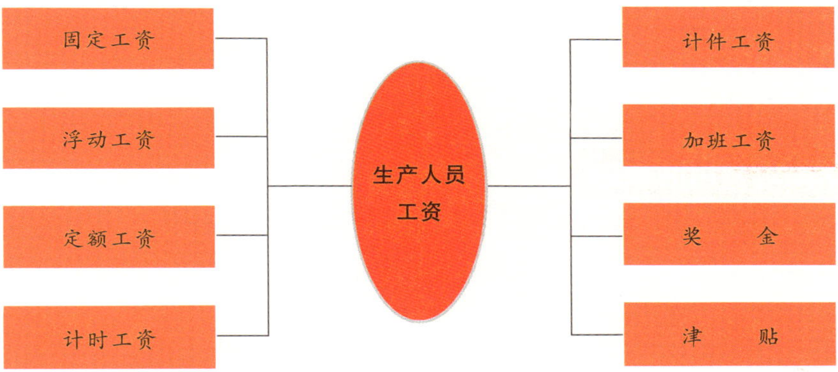

More

直接人工是指企业在生产产品和提供劳务的过程中，直接从事产品生产的工人的工资、津贴、补贴和福利费等。直接人工费是指支付给直接参与产品生产的生产工人的工资以及按规定比例提取的职工福利费。

制造费用

制造费用是企业为生产产品和提供劳务而发生的各项间接成本。企业应根据制造费用的性质，合理地选择制造费用的分配方法。制造费用包括产品生产成本中除直接材料和直接工资以外的其余一切生产成本，主要包括企业各个生产单位（车间、分厂）为组织和管理生产所发生的一切费用。

制造费用的概念

制造费用是指企业生产车间在组织产品生产或提供劳务过程中所发生的应该计入产品成本，但没有专设成本项目的各项生产费用。制造费用应归属于产品成本，是产品成本中除了直接材料和直接人工费用以外的所有费用。它由以下内容构成：

（1）直接生产费用：

直接生产费用是指直接用于产品生产，但在管理上不要求或核算上不方便单独核算，而没有专设成本项目的费用，如机器设备的折旧费、修理费、租赁费、保险费、生产工具的摊销、设计制图费等。

（2）间接生产费用：

间接生产费用是指间接用于产品生产的费用，如车间生产用房屋的折旧费、修理费、租赁费、机物料消耗，车间生产用的照明费、取暖费、劳动保护费，车间生产用固定资产的季节性或大修理期间的停工损失等。

Tips

制造费用不包括行政管理部门为组织和管理生产经营活动而发生的管理费用。

（3）组织管理生产费用：

组织管理生产费用是车间在组织和管理生产过程中发生的费用，如车间管理用房屋的折旧费、修理费、租赁费、保险费，车间管理人员的工资与福利费用，车间生产用的照明费、取暖费、差旅费和办公费等。

劳动制造费用

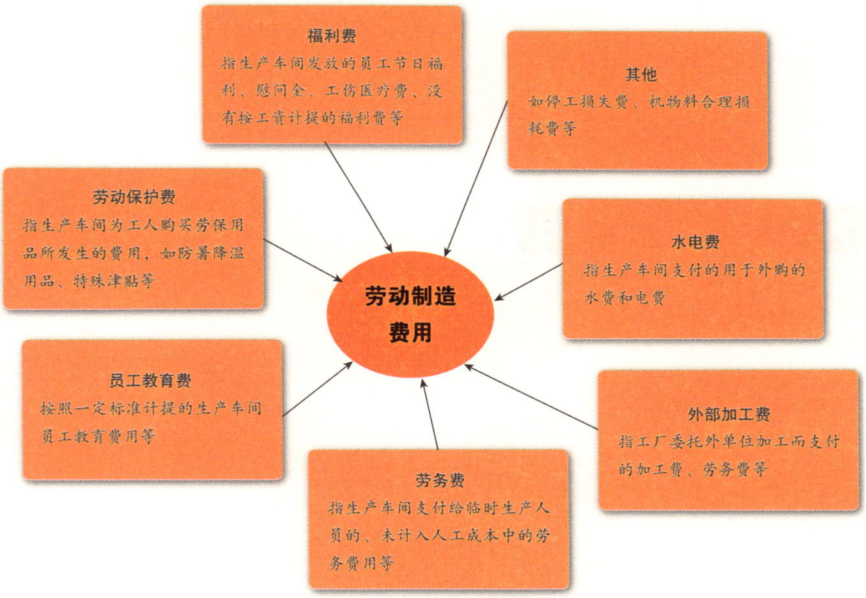

费用分配

成本是指对象化的费用，是为了生产产品或实现一定目的而付出的价值牺牲。成本既包括产品制造成本，也包括为管理控制而计算的责任成本、变动成本等。成本计算方法既有传统的品种法、分批法、分步法等，也有现代的作业成本法等。生产费用是指企业为生产产品，在生产过程中发生的各种耗费和支出，包括直接材料费用、外购动力费用、直接人工费用、辅助生产费用、废品损失、停工损失、制造费用等。在计算产品成本时，这些费用必须按照一定标准进行归集和分配。

直接材料费用的分配

直接材料费用是指企业在生产过程中耗用的原材料、辅助材料、燃料和修理用配件等费用。直接用于特定产品生产的材料，可直接计入该种产品成本。对于几种产品共同耗用的材料，则需要采用一定的分配计算方法在各种产品之间进行分配，其常用的分配计算方法有以下几种：

（1）定额耗用量比例分配法：

定额耗用量比例分配法，是以产品定额耗用量为标准分配材料费用的一种方法。这种方法适用于企业定额管理资料比较健全、材料消耗定额比较准确的产品成本计算。采用此种方法分配材料费用，可以通过实际与定额耗用量发生的差异进行分析，找出节约或超支的原因，促进企业经营管理。其计算公式为：

某种产品材料定额耗用量=该种产品实际产量×单位产品材料消耗定额

$$材料费用分配率=\frac{该种产品材料定额耗用量}{受益产品的材料定额消耗量之和}$$

某种产品应分配的材料数量 = 该种产品材料定额耗用量×材料耗用量分配率

某种产品应分配的材料费用=该种产品应分配的材料数量×材料单价

（2）产品产量比例分配法：

产品产量比例分配法，是以各种产品的产量为标准分配材料费用的一种方法。这种方法适用于生产产品产量与所消耗材料费用成正比，且各种产品材料费用的消耗水平基本相同的产品成本计算。其计算公式为：

$$材料费用分配率=\frac{待分配的原材料费用总额}{各种产品产量总和}$$

某种产品应分配材料费用=该种产品产量×材料费用分配率

（3）产品重量比例分配法：

产品重量比例分配法，是以各种产品自身重量为标准分配材料费用的一种方法。这种方法适用于生产的各种产品耗用相同的品种材料，而且产品自身重量与其材料费用有一定直接联系的产品成本计算。其计算公式为：

$$材料费用分配率=\frac{各种产品材料费用总额}{各种产品总重量}$$

某种产品应分配材料费用=该种产品重量×材料费用分配率

（4）定额费用比例分配法：

定额费用比例分配法，是以各种产品的材料定额费用为标准分配材料费用的一种方法。这种方法适用于几种产品共同耗用同一种材料、材料消耗定额比较准确且定额资料健全的产品成本计算和分配，其计算公式为：

某种产品材料定额费用=该种产品实际产量×单位产品材料定额费用

$$材料费用分配率=\frac{各种产品材料实际费用总额}{某种产品各种材料定额费用之和}$$

某种产品应分配材料实际费用=该种产品材料定额费用×材料定额费用分配率

（5）产品比重比例分配法：

产品比重比例分配法，是以各种产品的分配标准数占分配标准总数的比重作为标准分配材料费用的一种方法。这种方法适用于管理基础较好、企业定额资料比较健全、各种产品都有可选择数据标准的产品成本计算。分配标准数的选用可灵活多样，既可选用产品的产量，也可选用定额成本等作为分配标准，如某企业生产甲、乙、丙3种产品，各自单位材料定额成本分别为50元、80元、100元，采用产品比重比例分配法时，可以选择甲、乙、丙3种产品的单位材料定额成本乘以各自产量作为分配标准数进行比例分配计算。其计算公式为：

$$某种产品分配比重=\frac{该种产品分配标准数}{分配标准总数}$$

某种产品应分配材料费用=材料费用总额×该种产品分配比重

（6）标准产量比例分配法：

标准产量比例分配法，又称系数分配法，是以各种产品所换算的标准产品产量为标准分配材料费用的一种方法。这种方法适用于生产产品其耗用材料费用水平差距较大，但耗用相同的材料，而且生产过程基本相同的产品的成本计算。其计算公式为：

$$某种产品系数=\frac{该种产品分配标准数量}{标准产品分配标准数量}=\frac{该种产品定额消耗量}{标准产品定额消耗量}$$

某种产品标准产量=该种产品实际产量×该种产品系数

$$\text{标准产量分配率}=\frac{\text{各种产品材料费用总额}}{\text{各种产品标准产量总和}}$$

某种产品应分配材料费用=该种产品标准产量×标准产量分配率

直接人工费用分配

直接人工费用是指企业支付给职工的工资、奖金、福利等相关人工费用。在计件工资形式下，生产工人的直接人工费用属于直接费用，可直接进入产品成本。在计时工资形式下，如果是单一品种生产，生产工人的直接人工费用也属于直接费用，可直接计入产品成本。如果是多品种生产，则生产工人的直接人工费用属于间接费用，需要采用一定的分配计算方法在各产品之间进行分配。

制造费用分配

制造费用按其发生的地点和规定的明细项目归集后，应由各生产单位按当期所生产的产品或提供的劳务来负担。具体的分配原则是，在生产单一产品的生产单位，归集的制造费用可直接计入产品成本，因为不存在产品之间分配的问题，制造费用的核算只是为了管理与控制该项费用的发生；在生产多种产品的生产单位，制造费用必须采用适当的标准按生产单位分配计入各种产品成本，因为在这样的单位，制造费用的核算不仅是为了成本控制，还要满足企业计算损益的需要。制造费用的分配方法主要有以下几种：

（1）生产工人工时比例法：

Tips

制造费用具体采用哪种分配方法，由企业自行决定。分配方法一经确定，不得随意变更。如需变更，应当在会计报表附注中予以说明。

生产工人工时比例法是指按各种产品所用生产工人工时的比例分配费用的方法。采用生产工人工时比例法分配制造费用，其优点是将劳动生产率同产品负担的费用水平相联系，而且所需的工时资料容易取得，所以在实践中应用较为广泛；缺点是如果生产单位生产的各种产品的工艺过程机械化差异较大，以生产工人工时为分配标准，会使工艺过程机械化程度较低的产品负担过多的制造费用，可能导致分配结果与实际发生情况差距较大的结果。因此，生产工人工时比例法一般适用于机械化程度较低或生产的各产品工艺过程机械化程度大致相同的单位。其计算公式如下：

$$制造费用分配率=\frac{制造费用总额}{该车间各种产品生产工时总数}$$

某产品制造费用分配额＝该产品生产工人工时数×制造费用分配率

（2）生产工人工资比例法：

生产工人工资比例法是指以直接计入各种产品中的生产工人工资为标准分配制造费用的一种方法。采用生产工人工资比例法分配制造费用，其优点是工资资料易于取得，计算简便；缺点是制造费用发生额的多少一般与生产工人工资无直接关系。如果各种产品的生产工艺及机械化程度差异较大，那么采用此种方法，将使机械化程度低的产品或需要工人操作技能高的产品负担较多的制造费用，与实际情况不相符。因此，生产工人工资比例法适用于备产品的工艺过程机械化程度或需要工人的操作技能大致相同的企业。其计算公式如下：

制造费用分配率＝制造费用总额＝该车间直接生产工人工资总数

某产品制造费用分配额＝该产品生产工人工资数×制造费用分配率

（3）机器工时比例分配法：

机器工时比例分配法是指以各种产品生产所用机器设备的运转工作时数作为分配标准分配制造费用的一种方法。采用机器工时比例法分配制造费用，其优点是分配科学，计算精确，并且能为企业提供有关机器闲置时间的资料；缺点是需要花费大量的时间和成本，以收集机器工时的资料。机器工时分配法适用于机械化程度较高、机器工时与人工时间没有必然联系的企业。其计算公式如下：

$$\text{制造费用分配率}=\frac{\text{制造费用总额}}{\text{该车间机器工时总数}}$$

$$\text{某产品制造费用分配额}=\text{该产品的机器工时数}\times\text{制造费用分配率}$$

（4）年度计划分配率分配法：

年度计划分配率分配法也称预定分配率法或计划分配率法。它是根据企业正常经营条件下的年度制造费用预算数和预计的定额标准数（如预计产量的生产工人工时、直接生产工人工资、机器工时等），预先计算年度计划分配率，然后各月按年度计划分配率分配制造费用的方法。采

直接材料费用的归集和分配

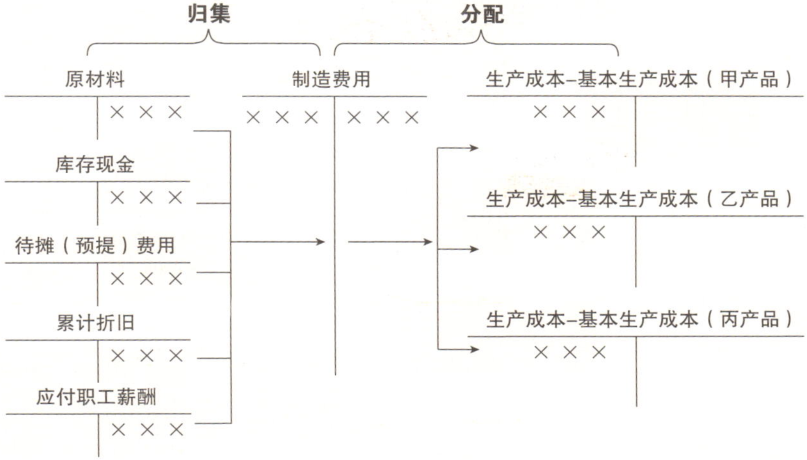

用年度计划分配率分配制造费用的基本步骤如下：

第一步，计算年度计划分配率。其计算公式如下：

$$\text{制造费用年度计划分配率}=\frac{\text{年度生产单位制造费用预算总数}}{\text{年度该生产单位预计产量的定额工时数}}$$

第二步，按年度计划分配率分配制造费用。其计算公式如下：

某月某产品应负担的制造费用=该月该种产品实际产量的定额工时×制造

废品和损失性费用

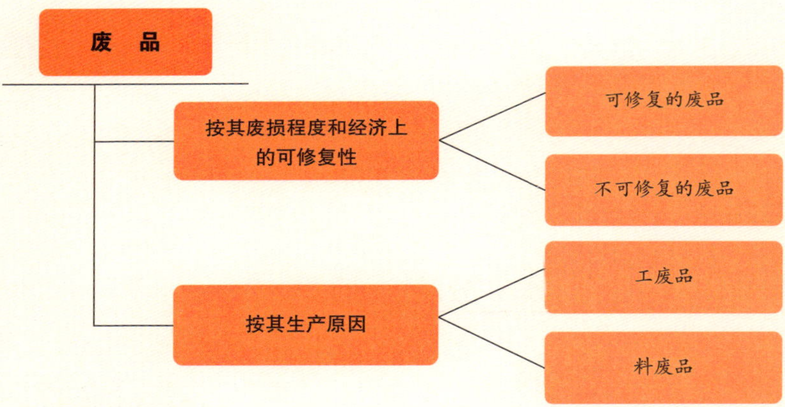

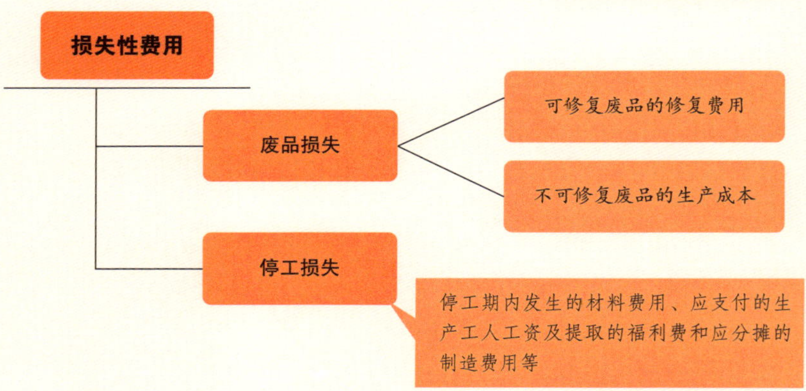

费用年度计划分配率

第三步，差异处理。采用按年度计划分配率分配法时，由于实际发生的制造费用与按年度计划分配率分配转出的制造费用不一致，这样就会使“制造费用”账户在期末时出现余额，并且这个余额既可能是借方余额，也可能是贷方余额。若是借方余额，则表示超过计划的预付费用，属于待摊费用；若是贷方余额，则表示按照计划应付未付的费用，属于预提费用。无论是借方余额还是贷方余额，均应于期末时调整计入12月份的产品成本中。如果实际数大于已分配数，就用蓝字补足；如果实际数小于已分配数，就用红字冲回。

辅助生产费用

辅助生产费用是指各辅助生产车间直接或间接为基本生产车间和企业管理部门服务所发生的各种费用。辅助生产车间发生的有关费用要通过归集核算后，再按照一定的分配计算方法和分配比例分配给各受益单位。

常用的分配计算方法有以下几种：

（1）直接分配法：

直接分配法是指将辅助生产费用直接分配给辅助生产以外的受益车间和部门，而对于辅助生产车间互相提供的产品和劳务忽略不计的分配方法。这种方法比较简单，但结果不很准确。一般适用于辅助生产车间互相提供不多、不需要交互分配且企业对产品成本准确性要求不高的产品成本计算。其计算公式为：

$$\text{某辅助生产车间生产费用分配率} = \frac{\text{该辅助生产车间的生产费用总额}}{\text{除辅助生产车间以外提供的产品或劳务量}}$$

某受益单位应分配辅助生产费用=该受益单位耗用劳务总量×辅助生产费用分配率

（2）交互分配法：

交互分配法是指辅助生产费用分配时，首先将各辅助生产车间发生的费用在各辅助生产车间之间进行交互分配，然后将各辅助生产车间交互分配后的费用（即交互分配前的费用，加上交互分配转入的费用，减去交互分配后转出的费用）按提供产品或劳务的数量，向辅助生产车间以外的受益单位之间进行分配的方法。此种方法的计算结果较为准确，有利于考核辅助生产车间的工作成果，但工作量较大，主要适用于辅助生产车间，互相提供数量较大，需要全面考核辅助生产费用的企业。

交互分配的计算公式为：

$$某辅助车间生产费用分配率=\frac{该车间发生的生产费用总额}{该车间提供产品式劳务总量}$$

某辅助生产车间应分配费用=该车间耗用其他辅助生产车间提供产品或劳务量
× 某辅助车间生产费用分配率

对外分配的计算公式为：

某辅助车间交互分配后的费用总额＝该车间交互分配前费用总额
＋其他辅助车间交互分配转入的费用
−该辅助车间交互分配转出的费用

辅助生产以外的各单位分配的费用＝该单位耗用产品或劳务量
× 某辅助车间交互分配后的费用分配率

单独核算停工损失的企业，应增设“停工损失”会计科目和停工损失成本项目。停工损失的归集和分配是通过设置“停工损失”科目进行的，该科目应按车间和成本项目进行明细核算。根据停工报告单和各种费用分配表、分配汇总表等有关凭证，将停工期内发生、应列为停工损失的费用记入“停工损失”科目的借方进行归集；对过失单位及过失人员或保险公司的赔款，应从该科目的贷方转入“其他应收款”等科目的借方。将停工净损失从该科目贷方转出，属于自然灾害部分转入“营业外支出”科目的借方；应由本月产品成本负担的部分，则转入“基本生产成本”科目的借方。在停工车间生产多种产品时，还要采用合理的分配标准，分配计入该车间各产品成本明细账停工损失成本项目。“停工损失”科目月末无余额。

More

为了正确计算产品或劳务的成本，必须对企业发生的各项生产费用进行归集和分配。这些生产费用具体可分为外购材料、燃料、外购动力、工资、计提的职工福利费、折旧费与摊销费、利息支出、税金和其他支出等费用要素。

第8章

费用统计

本章教你：

- ▶期间费用
- ▶销售费用
- ▶管理费用
- ▶财务费用
- ▶期间费用的错弊

企业在生产经营活动中除发生材料采购支出、固定资产购置支出和产品生产支出外，还会发生用于各个经营过程的共同性费用。例如，企业从银行借入资金很难确定是占用在库存的材料上、生产的产品上，还是占用在销售产品后应收的账款上，其利息只能作为各个经营过程的共同性费用。又如，企业行政管理部门为组织和管理生产经营所发生的公司经费、业务招待费等也是整个企业共同发生的费用。这些费用往往能确定发生的期间，而无法确定为谁发生，如要分配计入各经营过程，其计算将十分复杂，也无此必要。因此，会计上将其归入“期间费用”。

期间费用

生产费用的归集与分配是计算产品成本的前提和基础。为了正确核算生产费用，控制生产费用的支出，将已经发生的费用加以汇集和分配，据以计算产品成本，企业应设置“生产成本”“制造费用”等成本类科目。归集和分配生产费用时，发生的直接费用应直接计入成本核算对象；发生的间接费用应选择合理的标准分配计入有关的成本核算对象。期间费用是指不能直接归属于某个特定对象的费用，这种费用在发生的当期就应计入当期的损益，包括财务费用、管理费用和销售费用。

期间费用的概念

期间费用也称期间成本，是企业在生产经营过程中发生的、与生产产品无直接关系但属于某一时期耗用的费用。

期间费用不同于那些列入制造成本的生产费用，它虽然容易确定发生的期间，但难以判别其所应归属的产品，也难以确定其与哪项收入直接相关，因而不能将期间费用计入产品成本中，也不能同收入直接配比。如果将期间费用武断地加以分配计入产品成本，一方面加大了核算的工作量，另一方面增加了核算的不真实性，其结果更容易使人误解。同时，本期发生的管理费用有一部分要推迟到以后的会计期间，造成当期收入与费用的不合理配比和企业事实

Tips

由于期间费用难以判别其所应归属的产品，容易确定其发生的期间，因而在发生的当期便应从当期的损益中扣除。

上的利润虚增（或虚减）。

期间费用的特点

第一，期间费用可以确定其发生的期间，但与产品生产活动没有直接联系，而难以确定其应归属的成本计算对象，所以不计入产品成本。

第二，期间费用在发生时即确认为当期费用，与当期的营业收入相配比，全额列入利润表。

费用的分类

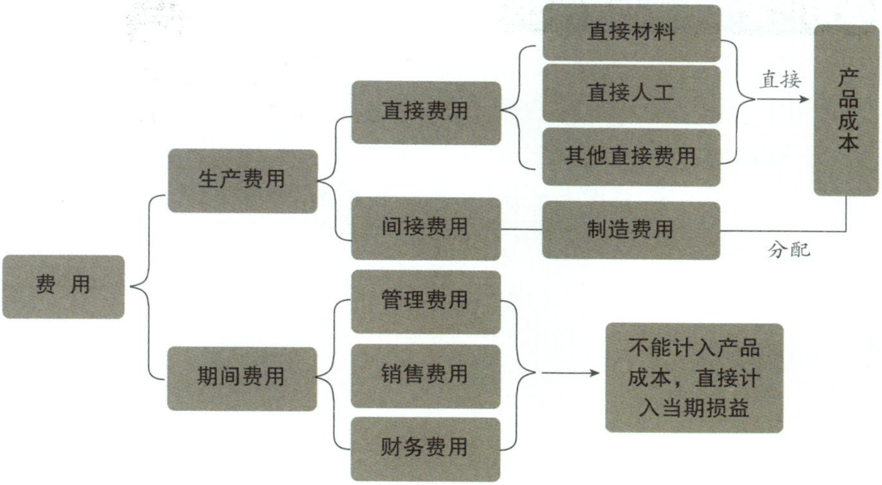

> **More**
>
> 期间费用也称为期间成本，是指在发生时计入当期损益的费用。期间费用是确定企业盈亏的重要因素，在企业其他因素保持不变的前提下，降低期间费用就意味着企业利润的增加。

销售费用

销售费用是指企业在销售商品和材料、提供劳务的过程中发生的各种费用，包括企业在销售商品过程中发生的保险费、包装费、展览费和广告费、商品维修费、预计产品质量保证损失费、运输费、装卸费等，以及为销售本企业商品而专设的销售机构（含销售网点、售后服务网点等）的职工薪酬、业务费、折旧费、固定资产修理费等。

销售费用的概念及内容

企业为了保证产品的畅销，通常利用各种新闻媒体或宣传工具，如电视、广播、报纸等，宣传企业产品，扩大企业的影响。除此之外，企业不仅可以通过为客户提供各种便利条件，

Tips

在企业的销售活动中所耗费的人力、物力，都与企业的销售有关，应计入销售费用。

销售费用

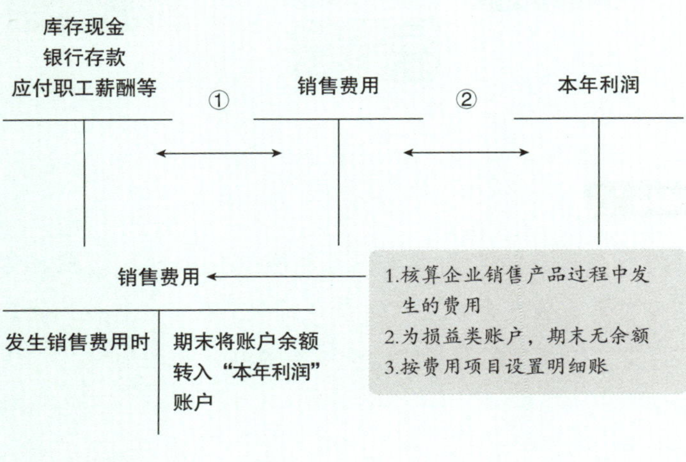

促进企业产品的销售，还可以在各地建立专门的销售机构，以占领这些区域的销售市场，扩大市场份额。

销售费用的处理

企业应设置“销售费用”科目核算所发生的各项销售费用，并按费用科目设置明细账，进行明细核算。该科目的借方登记本期发生的各项销售费用，期末，将借方归集的销售费用全部由贷方转入“本年利润”科目，计入当期损益。结转后，本科目应无余额。

现举例说明销售费用的核算。

2012 年 8 月 8 日，根据工资结算汇总表可以看出，某企业本月应付专设销售机构人员的工资为 8000 元。

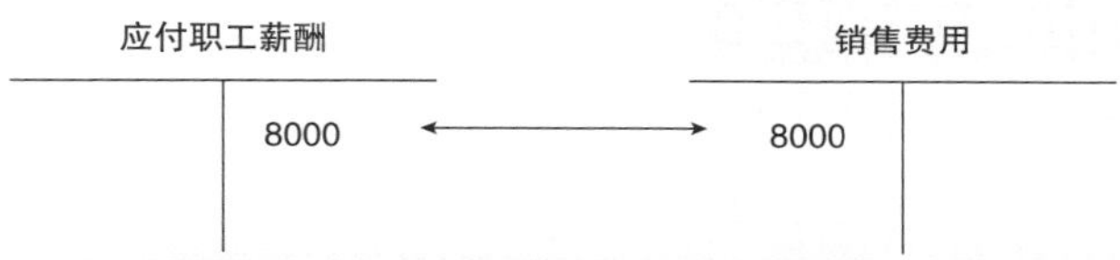

借：销售费用——工资　　8000
　　贷：应付职工薪酬　　8000

管理费用

管理费用是指企业为组织和管理生产经营所发生的费用，包括企业在筹建期间发生的开办费、董事会和行政管理部门在企业的经营管理中发生的或应由企业统一负担的税费。

管理费用的内容

管理费用是企业行政管理部门为管理和组织生产经营活动而发生的各项费用。

管理费用的会计处理

企业发生的各项管理费用应专设“管理费用”科目进行反映，并按费用项目进行明细核算。该科目的借方登记发生的各项管理费用，期末将借方归集的管理费用全部由贷方转入“本年利润”科目的借方，计入当期损益。

管理费用的会计分录

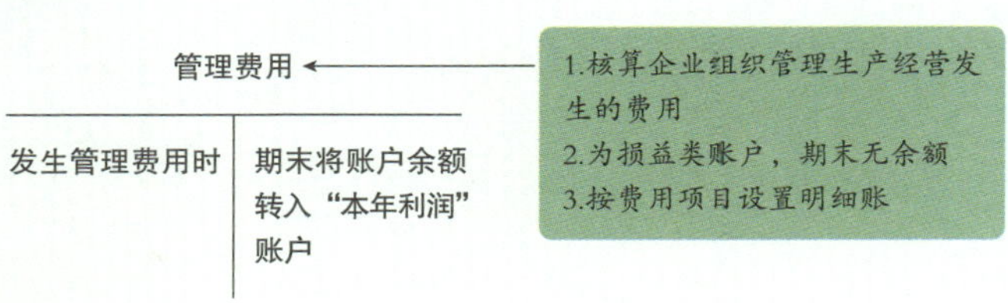

管理费用的分类

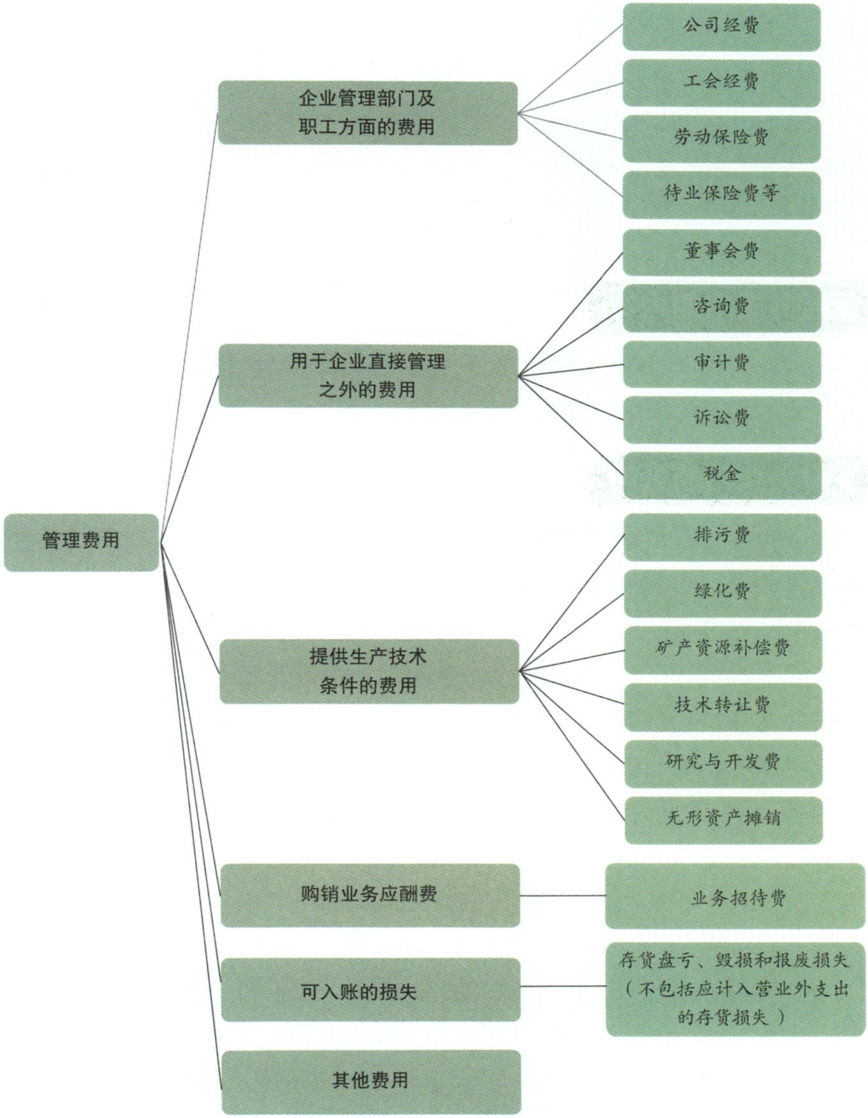
管理费用
企业管理部门及
职工方面的费用
公司经费
工会经费
劳动保险费
待业保险费等
用于企业直接管理
之外的费用
董事会费
咨询费
审计费
诉讼费
税金
提供生产技术
条件的费用
排污费
绿化费
矿产资源补偿费
技术转让费
研究与开发费
无形资产摊销
购销业务应酬费
业务招待费
可入账的损失
存货盘亏、毁损和报废损失
（不包括应计入营业外支出
的存货损失）
其他费用

财务费用

财务费用是指企业为筹集生产经营所需资金等而发生的筹资费用，包括利息支出（减利息收入）、汇兑损益以及相关的手续费、企业发生的现金折扣或收到的现金折扣等。为购建或生产满足资本化条件的资产发生的应予资本化的借款费用，不属于财务费用的核算范围。

财务费用的内容

企业的财务费用主要包括以下内容：利息净支出、加息、汇兑损益、外汇调剂手续费、支付给金融机构的手续费、其他财务费用。

财务费用的处理

企业应设置“财务费用”科目核算所发生的各项财务费用，并按费用项目进行明细核算。企业支付或计算应支付的利息等财务费用时，借记“财务费用”科目，贷记“银行存款”“应付利息”等科目。当企业发生利息收入、汇兑收益时，应记入“财务费用”科目的贷方，这些抵减财务费用的金额，应在多栏式的财务费用明细账中以红字登记在“利息支出”“汇兑损失”栏目内，表示冲减财务费用。期末，将“财务费用”科目归集的费用全部计入当期损益，转入“本年利润”科目的借方或贷方。

常见的财务费用分录

会计内容	会计分录
汇兑损益	结汇时（外币兑换） 借：银行存款（人民币，实得数字） 财务费用（借贷方的差额，如借方小于贷方，为汇兑损失，用蓝字；如借方大于贷方，为汇兑收益，用红字） 贷：银行存款（外币，按照记账汇率计算人民币数字）
	购汇时 借：银行存款（外币，按照记账汇率计算人民币数字） 财务费用（借贷方的差额，如借方大于贷方，为汇兑收益，用红字；如借方小于贷方，为汇兑损失，用蓝字） 贷：银行存款（人民币，实际支付数字）
支付银行手续费	借：财务费用 贷：银行存款
支付短期借款利息	借：财务费用 贷：银行存款
企业取得银行存款利息	借：银行存款 贷：财务费用
长期借款利息	属于筹建期间的，作为长期待摊费用，在生产经营开始当月再一次转损益 借：长期待摊费用 贷：长期借款
	生产经营期间借入的长期借款利息 借：财务费用 贷：长期借款
	为构建固定资产借入的长期借款利息，在所构建固定资产达到预定可使用状态前 借：在建工程 贷：长期借款
	为构建固定资产借入的长期借款利息，固定资产达到预定可使用状态后所发生的借款费用 借：财务费用 贷：长期借款

财务费用

财务费用

发生财务费用	期末将账户余额转入“本年利润”账户

1.核算企业筹集生产经营资金发生的费用
2.为损益类账户，期末无余额
3.按费用项目设置明细账

银行存款
应付利息
长期借款等 ① 财务费用 ② 本年利润

①发生财务费用时
借：财务费用—— ×××
　　贷：银行存款（应付利息、长期借款等）

②期末结转账户余额时
借：本年利润
　　贷：财务费用

More

财务费用是指企业为筹集生产经营所需资金而发生的费用，包括利息支出（减利息收入）、汇兑损失（减汇兑收益）以及相关的手续费等。必须注意《企业会计制度》采用“借款费用资本化”原则的特殊情况。

期间费用的错弊

期间费用分为管理费用、销售费用、财务费用，因此，期间费用的错弊可细分为管理费用的错弊、销售费用的错弊、财务费用的错弊。企业的期间费用发生错弊的原因多种多样，针对期间费用的不同错弊情况，可采取不同的检查方法。

管理费用错弊的检查

（1）无形资产摊销的检查。

（2）职工教育经费的检查。

（3）土地使用费的检查。

（4）业务招待费的检查。

（5）坏账损失的检查。

管理费用的错弊形式

管理费用的错弊形式

- 计算存货损失有误，或虚列存货盘盈盘亏、毁损和报废，将应由当事人赔偿的款项不做扣除
- 不按规定计费，不按规定摊销无形资产和长期待摊费用
- 未按规定计提坏账损失准备和折旧
- 有关管理费用虚列或虚增
- 把应该计入管理费用的税金计入应交税费账户
- 任意在管理费用中列支其他有关费用，人为地调节当期利润

销售费用错弊的检查

（1）运输费、装卸费、包装费的检查。

（2）展览费和广告费的检查。

（3）专设销售机构费用的检查。

销售费用的错弊识别技巧

<table>
<tr><th>名称</th><th>项目</th><th colspan="3">内容说明</th></tr>
<tr><td rowspan="11">销售费用的错弊识别技巧</td><td rowspan="3">审查销售费用的会计核算</td><td colspan="3">应与销售业务检查同时进行，同时结合货币资金审查</td></tr>
<tr><td colspan="3">可从核算设置、费用支出的账务处理、月末费用的结转等方面进行</td></tr>
<tr><td colspan="3">审查其科目运用的合理性、账务处理及期末费用结转的及时性，同时审查产品销售费用项目在损益表中表达的真实性、正确性</td></tr>
<tr><td rowspan="8">审查销售费用的支出</td><td colspan="3">审查销售费用开支范围时，关注罗列费用或应计不计的情况，如将企业支付的租入包装物押金列入销售费用，将销售人员工资计入管理费用等</td></tr>
<tr><td colspan="3">审查销售费用界限划分时，注意是否存在同其他费用混淆的情况</td></tr>
<tr><td colspan="3">审查销售费用的真实性、合法性，关注是否存在以支付销售费用为名，滥送样品、滥发实物、损公肥私的违法行为</td></tr>
<tr><td rowspan="5">关注展览费、广告费等项目的支出</td><td rowspan="2">查证展览费和广告费</td><td>应注意审查其真实性和合理性，是否存在以展览费和广告费的名义，掩盖不正当开支的现象</td></tr>
<tr><td>审查当年列支的展览费和广告费是否确属当年费用，是否存在将上年度或下年度的这些费用列为当年费用的情况</td></tr>
<tr><td rowspan="2">查证运输费、装卸费、包装费</td><td>审查开支范围的合规性，金额的真实性、准确性</td></tr>
<tr><td>对发生额较大和接近年终发生的各项费用，需要审查明细账及会计凭证，查明受益的产品当年度是否已实现销售，是否存在将未实现销售的产品发生的费用提前计入当年损益的情况</td></tr>
<tr><td>查证销售机构经费</td><td>查证销售机构经费的内部控制制度的完善程度以及是否得到切实执行</td></tr>
</table>

销售费用的错弊形式

- 销售费用的错弊形式
  - 将购买固定资产、专项投资用的材料和设备的运输费计入销售费用
  - 虚列运输费，把不属于运输费的混入产品运输费
  - 虚开单据上的抬头，将销售费用与其他费用混杂
  - 利用广告费之名，从中索取回扣
  - 把自制产成品以自用的名义直接列入广告、展览样品费等

财务费用错弊的检查

（1）利息支出的检查。

（2）汇兑损失的检查。

（3）各种手续费的检查。

财务费用的错弊形式

- 财务费用的错弊形式
  - 计算和支付利息不正确，任意预提或返销利息费用，从而达到人为调节利润的目的
  - 错误地计算汇兑损益，或利用汇兑损益有意地多计或少计财务费用等
  - 利息支出在开办费、财务费用与清算损益之间分配不清
  - 企业将应计入固定资产的利息费用列为财务费用，或者将应计入财务费用的利息资本化
  - 利息收入转入小金库，不冲销财务费用

财务费用的错弊识别技巧

<table>
<tr><th>名称</th><th>项目</th><th colspan="2">内容说明</th></tr>
<tr><td rowspan="13">财务费用的错弊识别技巧</td><td>审查财务费用的财务处理</td><td colspan="2">注意科目运用的合规性，如长期借款利息，在建设期间发生的应计入“在建工程”，审查是否存在不通过“在建工程”而通过“财务费用”科目进行核算的情况</td></tr>
<tr><td>审查财务费用的支出数额</td><td colspan="2">应注意抵减收入后所列支的项目，审查是否存在收入不入账或不抵减支出的情况</td></tr>
<tr><td rowspan="11">审查财务费用的支出范围</td><td rowspan="4">查证利息支出</td><td>企业当年列支的利息支出是否确实属于当年损益应负担的利息支出，是否存在将应由上年度或基建项目承担的利息支出列入当年损益的情况</td></tr>
<tr><td>查证属于财务费用的列支范围</td></tr>
<tr><td>存款利息收入是否抵减了利息支出，计算是否正确</td></tr>
<tr><td>应关注利息支出升降幅度较大的月份，并进一步查证其原因</td></tr>
<tr><td rowspan="4">查证汇兑损益</td><td>企业列支的汇兑损益是否确已发生，具体包括计算汇兑损益的外币债权、债务是否确实收回或偿还，调剂出售的外汇是否确已实现</td></tr>
<tr><td>查证对损益计算是否正确，计算方法前后是否一致</td></tr>
<tr><td>查证是否存在将不同数量外币之间的记账本位币差额当成汇兑损益的现象</td></tr>
<tr><td>查证企业经营初期发生的汇兑损益，尤其是汇兑损失，应查明发生的具体时间，是否存在为了延缓减免税期而人为地将筹建期间发生的汇兑损失计入生产经营期间汇兑损失的行为</td></tr>
<tr><td rowspan="2">查证各种手续费</td><td>主要查证各种手续费的真实性、合法性、合理性及计算正确与否</td></tr>
<tr><td>是否存在将应列入其他费用项目的或者应在前期、下期列支的手续费计入当期财务费用的情况</td></tr>
</table>

More

期间费用分为管理费用、销售费用、财务费用，不同形式的期间费用具有不同形式的错弊情况，进而确定不同的识别技巧和方法。财务人员要对症下药，根据查找错弊的方法定位。

第9章

利润的形成和分配

利润是企业在一定期间内的经营成果，是企业在生产经营过程中各种收入扣除各种费用后的盈余。当某一会计期间的收入大于费用时，就表示企业有利润，反之则为亏损或负利润。我国《企业会计准则》界定的利润是广义的收入和广义的费用相抵后的差额。利润按其构成的内容包括营业利润、投资净收益、营业外收支净额和作为利润减项的所得税费用。利润按构成不同可划分为营业利润、利润总额和净利润。

本章教你：

- 利润的形成
- 利润形成的会计处理
- 利润分配的账务核算
- 利润分配的顺序
- 利润分配的会计处理

利润的形成

利润是指企业在一定会计期间的经营成果。它包括收入减去费用后的净额、直接计入当期利润的利得与损失等。营业利润是企业正常经营的成果，营业利润加上非正常经营的收益就形成了利润总额。

利润的定义

利润是指企业一定期间内所取得的经营成果，是将一定期间的各项收入与各项费用支出相减后形成的最终经营成果。包括营业利润、营业外收支净额和所得税三部分。

营业利润是指企业营业收入减去营业成本、营业费用、营业税金和管理费用后的余额。它是利润要素中最主要的内容。营业外收支净额是指与企业生产经营没有直接关系的各种营业外收入减去营业外支出后的净额。属于营业外收入的项目有财产盘盈、无法偿还的应付账款等；属于营业外支出的项目有财产盘亏毁损、自然灾害造成的损失等。营业外收支净额构成企业一定时期内的另一部分利润。营业外收支业务不是企业的经常性生产、销售等活动，有必要将它与企业的经营业务区别开来。所得税是就企业的所得交纳的一个税种，只要有所得就必须根据税

利润的定义

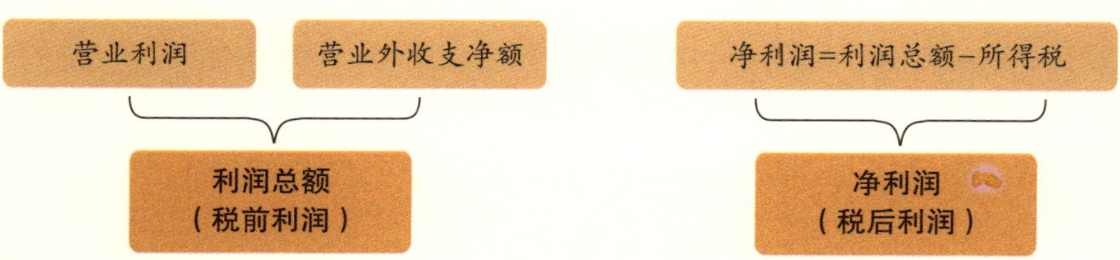

利润的产生过程

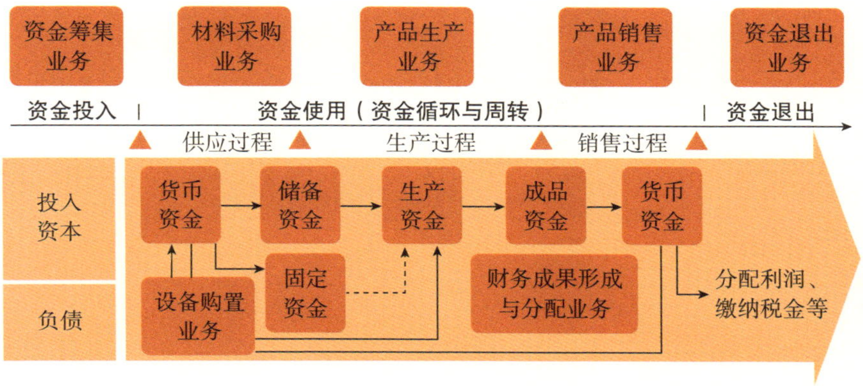

法规定的税率交纳所得税。对于企业来说，它是企业取得利润的一种必然开支，可将其看成一种费用。

营业利润

营业利润是以营业收入为基础，减去营业成本、营业税金及附加、销售费用、管理费用、财务费用、资产减值损失，加上公允价值变动收益和投资收益，减去公允价值变动损失和投资损失计算而得的。

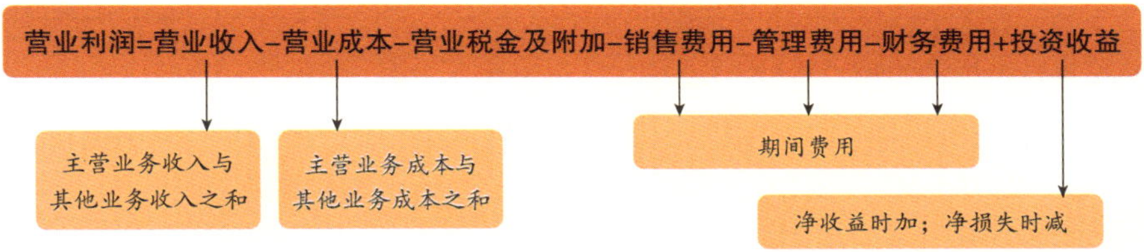

利润总额

利润总额是指企业在一定会计期间的营业利润与营业外收支净额的合计总额，也就是所得税前的利润总额。

利润（或亏损）总额=管理利润+营业外收入–营业外支出

营业外收入：即“利得”

营业外支出：即“损失”

净利润=利润总额–所得税费用

所得税费用：根据企业的纳税所得额计算出来的应上缴税金

利润表

编制单位：　　　　年　月　　　　单位：元

项　　目	本期金额	上期金额
一、营业收入		
减：营业收入		
营业税金及附加		
销售费用		
管理费用		
财务费用		
资产减值损失		
加：公允价值变动收益（损失以“–”号填列）		
投资收益（损失以“–”号填列）		
其中：对联营企业和合营企业的投资收益		
二、营业利润（损失以“–”号填列）		
加：营业外收入		
减：营业外支出		
其中：非流动资产处置损失		
三、利润总额（亏损总额以“–”号填列）		
减：所得税费用		
四、净利润（净亏损以“–”号填列）		
五、每股收益		
（一）基本每股收益		
（二）稀释每股收益		

利润形成的会计处理

利润是企业经营活动的效率与效益的综合表现，它不仅是会计要素的一个基本要素，而且是衡量企业经营成果和经济效益的综合尺度。正确地确认与计量利润，对于企业、职工、投资者等各个方面都有重要的意义。利润的确认与计量依赖于收入和费用的确认与计量，因此，可以通过营业利润和营业外收支净额的确认与计量来表示利润的确认与计量。

利润的会计处理方法

企业利润形成的会计处理方法有表结法和账结法两种。

（1）表结法：

表结法是指期末通过利润表计算本期利润的方法。在这种方法下，期末（月末、季末）应将全部损益类账户的余额填列到利润表的有关项目中，在表中计算出本期利润和本年累计利润，不需将各损益类账户的余额转入“本年利润”账户，但在年末时，仍应采用账结法将全部损益类账户（“以前年度损益调整”账户除外）的余额结转到“本年利润”账户，通过该账户计算出本年度利润。

Tips

营业外收入是指企业发生的与日常活动没有直接联系的各项收入，与营业收入相比，它并不是由经营资金耗费所产生的，不需要企业付出代价，是一种纯收入。

（2）账结法：

账结法是指企业期末通过“本年利润”账户结出本期利润和本年累计利润的方法。在这种方法下，期末（月末、季末、年末）将全部损益类账户（“以前年度损益调整”账户除外）结转到“本年利润”账户，该账户的贷方余额表示企业实际的利润，借方余额表示发生的亏损。

结转营业外收入

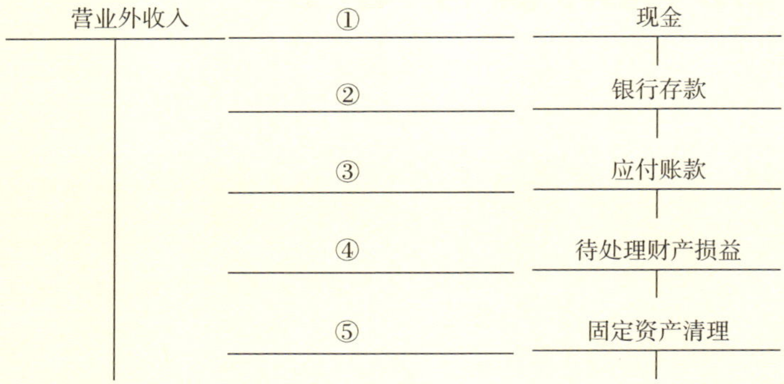

图示说明：

① 取得现金利得；

② 收到银行存款的利得；

③ 确实无法支付而按规定程序经批准后转为营业外收入的应付款项；

④ 盘盈利得；

⑤ 非货币性资产交换利得。

下面举例说明利润形成的会计流程图。

甲公司 2012 年 1 ～ 11 月均采用表结法计算利润，年末，各损益类账户的期末余额如下表：

账户名称	借方	贷方
主营业务收入		1 860 000
主营业务成本	890 000	
营业税金及附加	10 000	
其他业务收入		960 000
其他业务成本	530 000	
销售费用	107 000	
管理费用	122 000	
财务费用	50 000	
投资收益		120 000
公允价值变动损益		20 000
资产减值损失	20 000	
营业外收入		45 000
营业外支出	66 000	
所得税费用	285 500	

上述各损益类账户结转后，“本年利润”账户的记录如下表：

年		凭证字号	摘要	借方	贷方	借或贷	余额
月	日						
			主营业务收入		1 860 000		
			主营业务成本	890 000			
			营业税金及附加	10 000			
			其他业务收入		960 000		
			其他业务成本	530 000			
			销售费用	107 000			
			管理费用	122 000			
			财务费用	50 000			
			投资收益		120 000		
			公允价值变动损益		20 000		
			资产减值损失	20 000			
			营业外收入		45 000		
			营业外支出	66 000			
			所得税费用	285 500			
			本期发生额及余额	2 080 500	3 005 000		924 500

从“本年利润”账户中可看出，甲公司当年实现净利润924500元。

利润分配的账务核算

利润分配是指企业实现的利润（包括本年净利润和以前年度的未分配利润）按国家有关规定的企业投资人的决议，对各方利益人进行分配的过程。“利润分配”账户用以核算企业实现利润的分配情况或亏损的弥补情况。企业发生应付利润、提取公积金时，记入“利润分配”账户的借方；发生弥补亏损时，记入“利润分配”账户的贷方；期末，其借方余额表示累计已分配利润总额，贷方余额表示累计已弥补亏损总额。年终，将“利润”账户的余额结转入“利润分配”账户后，如果是贷方余额，表示未分配利润；如果是借方余额，表示未弥补亏损。

利润分配账户

为了使“本年利润”账户能够提供企业实现利润和发生亏损的指标，必须开设“利润分配”账户，用以反映企业利润分配总额或亏损弥补总额。

利润分配账户

利润分配——未分配利润

年初未弥补亏损	年初未分配利润
本年亏损转入	本年净利润转入
科润分配各明细科目转入	本年弥补亏损
年末借余：未弥补的亏损	年末贷余：未分配的利润

利润分配账户总图

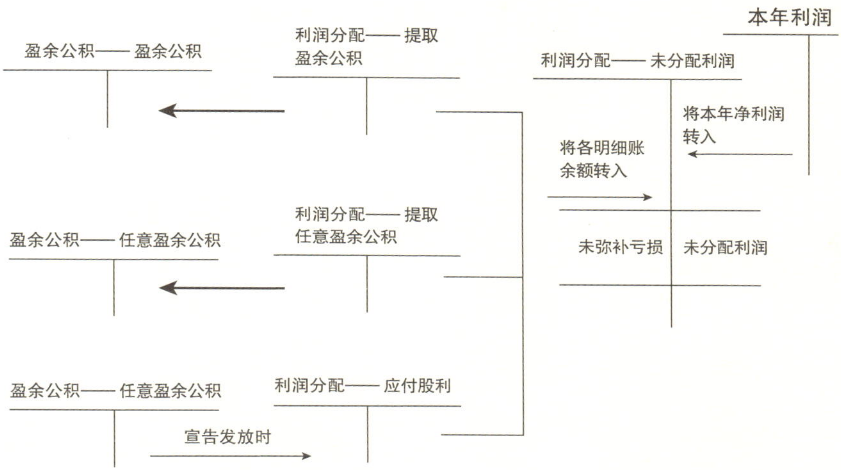

企业应设置“利润分配”账户，核算利润分配（或亏损的弥补）和历年分配（或弥补）后的积存余额，该账户为所有者权益类账户。贷方登记由于“本年利润”转入或盈余公积金补亏等导致的可分配利润的增加；借方登记分配的利润或“本年利润”转入的亏损数，如提取法定盈余公积金、应付股利等。期末贷方余额表示历年积存的未分配利润，余额若在借方，表示历年积存的未弥补的亏损。本账户下设“盈余公积补亏”“提取法定盈余公积”“提取任意盈余公积”“应付现金股利或利润”“未分配利润”等明细账户（以股份制有限公司为例，其他公司类同）。

Tips

企业用盈余公积弥补亏损，借记“盈余公积——盈余公积补亏”科目，贷记“利润分配——盈余公积补亏”科目。

提取盈余公积

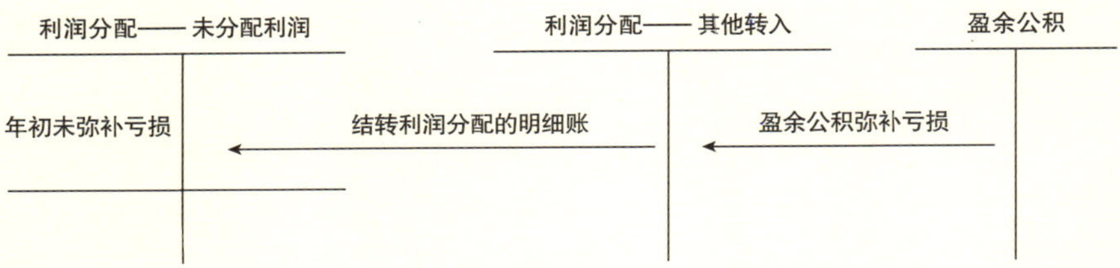

分配股东股利

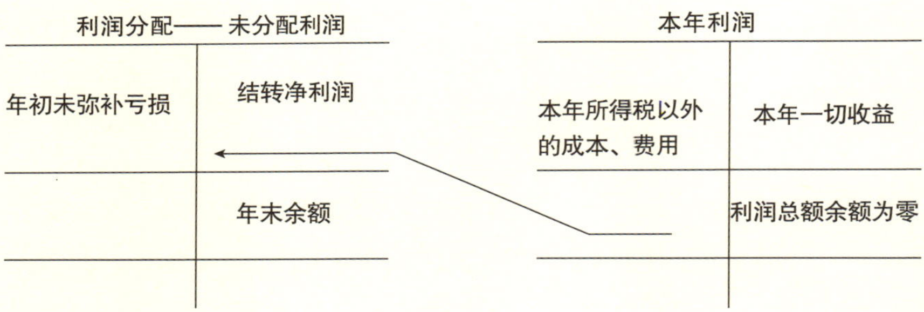

利润分配

企业对实现的利润进行分配，也可通过“本年利润”账户进行，若实现的为利润，可在“本年利润”账户的借方直接冲减，作为对利润的分配；若发生的为亏损，可在“利润”账户的贷方直接弥补。这样处理，“本年

Tips

“利润分配”账户事实上是用来抵销企业实现利润或发生亏损的原始数额，反映利润分配情况或亏损弥补情况的账户，是“利润”账户的备抵账户。

利润”账户的余额只表示未分配利润或未弥补亏损，不能反映企业实现利润或发生亏损的原始数额。

（1）提取盈余公积的核算：

企业提取盈余公积时，借记“利润分配——提取法定盈余公积、提取任意盈余公积”，贷记“盈余公积——法定盈余公积、任意盈余公积”。

（2）分配股东股利或利润的核算：

企业按股东大会决议，应当分配给股东的现金股利或利润，借记“利润分配——应付现金股利或利润”，贷记“应付股利”。经股东大会或类似机构决议，分配给股东的股票股利，应在办理增资手续后，借记“利润分配——转作股本的股利”，贷记“股本”科目。如有差额，贷记“资本公积——股本溢价”科目。

（3）利润分配的核算：

年度终了，企业应将全年实现的净利润（或净亏损），自“本年利润”账户转入“利润分配——未分配利润”账户；同时，将“利润分配”账户下的其他明细账户的余额也转入“未分配利润”明细账户。结转后，除本明细账户外，“利润分配”账户的其他明细账户无余额。

利润分配的顺序

企业的税前利润首先应按国家规定进行相应的调整，增减有关收支项目，然后依法缴纳所得税。税后利润除国家另有规定的以外，应按下列顺序分配：弥补超过用税前利润弥补期限的以前年度亏损；提取法定公积金；向股东分配利润。企业违反规定，在弥补亏损和提取法定公积金之前分配利润的，必须将分配的利润退还企业。

税后利润分配顺序

我国现行法规规定，在税后利润中应提取公积金，用于职工集体福利设施的购建开支。在西方，不少企业用税后可供分配的利润对具有一定年资或做出较大贡献的员工让送红股，使员工也成为企业的主人，参与企业利润的分配。这部分红股虽然在转让、继承等方面有一定的限制，但对提高职工的归属感和参与意识无疑具有积极的意义。我国的股份有限公司设立的“内部职工股”也是在这方面进行的积极探索。

企业实现的利润总额，要在国家、投资者和企业法人之间进行分配，形成国家所得税收入、投资者利润和企业留用利润（包括盈余公积金、公益金和未分配利润）。

Tips

企业在利润分配中应遵守公开、公平、公正的“三公”原则，企业的投资者在企业中只按其股权比例享有合法权益，不得在企业中谋取私利。

经过上述分配后，可供投资者分配的利润若有余额，即形成未分配利润（或弥补的亏损）。未分配利润可留待以后年度分配。企业如发生亏损，可以按规定由以后年度利润进行弥补。企业未分配的利润（或未弥补的亏损）应在资产负债表的所有者权益项目中单独反映。

利润分配程序

利润分配程序

- 提取法定盈余公积 —— 提取比例一般为当年实现净利润的10%，但以前年度累积的法定盈余公积达到注册资本的50%时，可以不再提取
- 提取任意盈余公积 —— 企业按规定提取的任意盈余公积
- 应付现金股利或利润 —— 企业按照利润分配方案分配给股东的现金股利
- 转作股本（或资本）的股利 —— 企业按照利润分配方案以分派股票股利的形式转作的股本

利润分配的会计处理

企业的利润分配是通过“利润分配”账户进行的，它是“本年利润”的调整账户。利润分配一般在年终进行。为了反映利润分配的情况和数额，企业应设置“利润分配”账户进行核算，该账户下面应分别设置“提取法定盈余公积”“提取任意盈余公积”“应付现金股利或利润”“转作股本的股利”“盈余公积补亏”和“未分配利润”等明细账户进行明细核算。

利润分配内涵

Tips

随着价格体制的改革，政策性亏损补贴将逐步取消。

利润分配是指企业根据国家有关规定和企业章程、投资者协议等，对企业当年可供分配的利润所进行的分配。未分配利润是指经过弥补亏损、提取法定盈余公积、提取任意盈余公积和向投资者分配利润等利润分配之后剩余的利润，它是企业留待以后年度进行分配的历年结存的利润。相对于所有者权益的其他部分来说，企业对于未分配利润的使用有较大的自主权。

可供分配的利润＝当年实现的净利润＋年初未分配利润（或一年初未弥补亏损）＋其他转入

企业利润总额是根据会计制度规定核算的会计利润，必须缴纳所得税后才能成为净利润，进而成为可分配利润。并且，它与税法要求确定的计税利润之间，由于计算口径与方法不同而存在着差异。在交纳所得税时，企业利润总额应按国家税法规定进行相应的调整，才能作为依法交纳所得税的依据，即：计税利润＝会计利润 ± 调整项目。

其中，需要调整的项目主要有：

（1）企业亏损的弥补。

企业的经营收入不足以抵补经营支出时即发生了亏损。亏损按性质可分为政策性亏损和经营性亏损。

政策性亏损是企业为完成政府规定的社会公益目标，生产或经营特定产品时，由于国家限价等原因而产生的亏损，一般可由财政部门审核批准后予以弥补。通常由企业按月在规定日期内向财政部门或上级单位办理拨款弥补的手续。目前，企业的政策性亏损经财政部门批准，可以采用实际定额补贴或亏损包干的办法解决。

经营性亏损是由于企业经营管理不善造成的亏损。这类亏损原则上由企业自行解决。按照我国税法的规定，经营性亏损的弥补办法是：企业发生年度亏损，可用下一年的税前利润弥补，下一年利润不足以弥补的，可以在5年内延续弥补（股份公司可在3年内延续弥补），5年内利润不足以弥补的，用税后利润弥补。在没有其他调整项目的情况下，计税利润＝会计利润－补亏数额。

（2）投资收益中已纳税项目或需要补交所得税的项目。

利润分配的会计处理

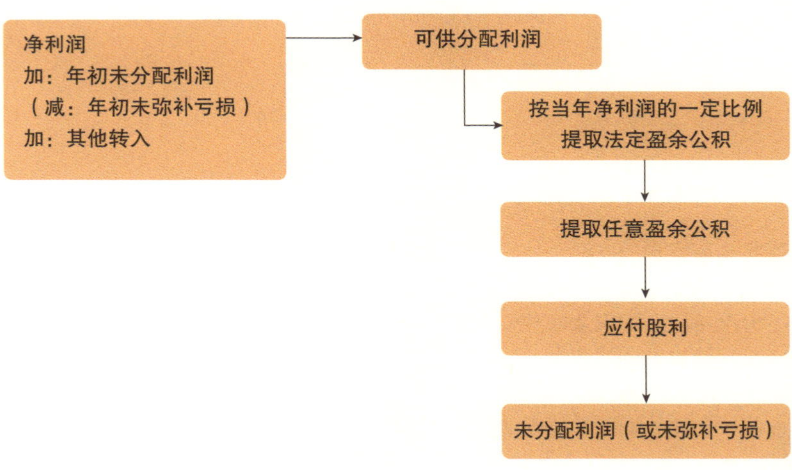

（3）其他调整项目。

企业超过国家规定在所得税前列支的费用中列支的罚款、罚金、滞纳金等，根据我国税法规定，需要进行纳税前调整。企业的会计利润按上述情况调整后，即为计税利润，计税利润乘以适用税率就等于应纳税额。所得税一般按年计征，按月、季预交，年终决算，并按属地原则征缴。

本期累计应纳所得税 = 本期累计计税利润 × 适用税率

本期应纳所得税 = 本期累计应纳所得税 − 上期累计已交所得税

利润分配账户总图

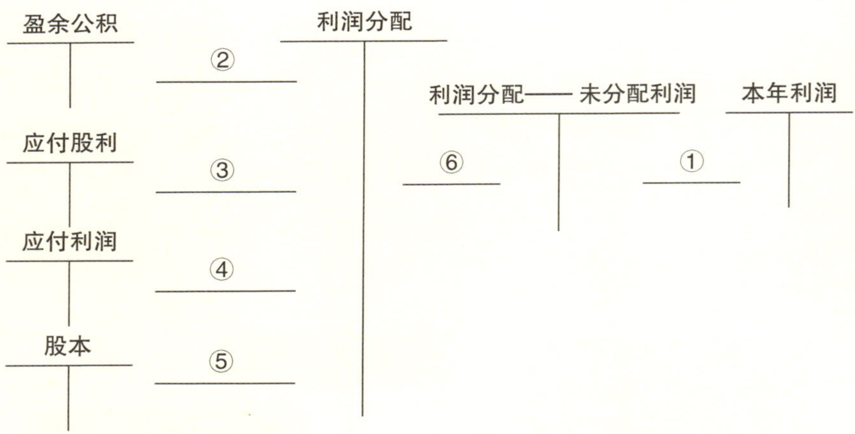

图中：

①将本年实现的净利润结转至“利润分配——未分配利润”；

②企业按规定提取的盈余公积；

③分配给股东的现金股利；

④分配给投资者的利润；

⑤分配给股东的股票股利；

⑥将“利润分配”其他明细科目余额转入“利润分配——未分配利润”。

第10章

编制报表前的准备工作

会计人员编制会计分录登记账簿之后，最终需要编制会计报表。为了保证信息的真实性，编制报表前也需要进行很多的准备工作。具体而言，这些准备工作包括期末账项调整；全面清查财产、核实债务；对账；结账；编制工作底稿。会计报表的资料主要来源于账簿记录，有的是直接根据总账记录填列，有的是根据明细账记录分析填列。这就要求在编制会计报表前，财力人员要检查总账与明细账是否核对相符，做到账证相符、账账相符，还应检查当期的经济业务是否全部入账，有关的各种记录是否予以结转。只有在当期全部经济业务登记入账后，才能结账，据以编制会计报表。

本章教你：

- ▶期末账项调整
- ▶编制工作底稿
- ▶对账
- ▶试算平衡

期末账项调整

企业的经济业务在一般的情况下可分为两类，一类是有外部原始凭证证明的业务，如现金的收入、支出以及赊购、赊销；另一类是业务在发生时不涉及外部原始凭证，因此，这类业务往往容易被忽视。企业平时记录的大多是第一类业务，对于第二类业务，需要在会计期末时通过调整分录的方法予以记录，以全面客观地反映企业期末的财务状况和当期的经营成果。这样，每个会计期末的账项调整就成为整个会计核算程序中不可缺少的一步。

会计处理基础

会计核算基础，也称会计处理基础，它是指会计核算的记账基础，即确定收入和费用归属期间的标准。会计核算基础主要有两种：一种是现金收付制，另一种是权责发生制。

现金收付制又称收付实现制或实收实付制。它确定本期收入和费用，以款项的实际收付为标准。凡属本期收到的收入和支付的费用，不管其是否应归属本期，都作为本期的收入和费用；反之，凡本期未曾收到的收入和未曾支付的费用，即使应归属本期，也不作为本期的收入和费用处理。由于款项的收付实际上以现金收付为准，所以一般称为现金制。

权责发生制又称应计制或应收应付制。它确定本期收入和费用，以应收应付作为标准。凡属本期已获得的收入，不管其款项是否收到，都作为本期的收入处理；凡属本期应当负担的费用，不问款项是否付出，都作为本期的费用处理。反之，凡不应归属本期的收入，即使其款项已经收到并入账，也不作为本期的收入处理；凡不应归属本期的费用，即使其款项已经付出并入账，也不作为本期的费用处理。因其不问款项的收付，而是以收入和费用应否归属本期为准，所以称为应计制。

会计处理

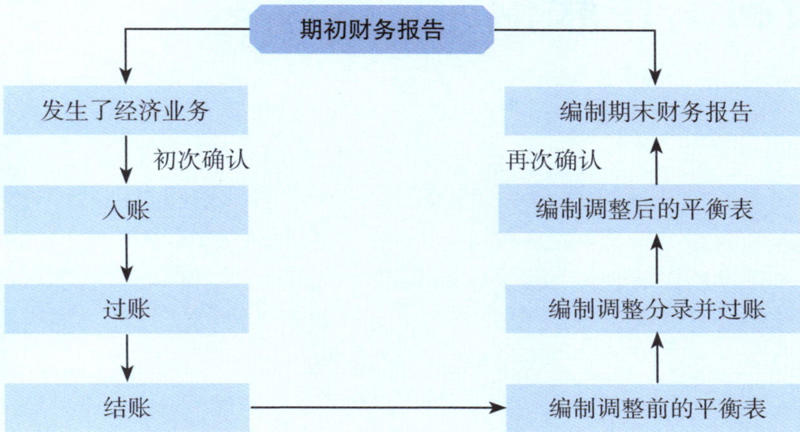

实际上，账簿的日常记录还不能确切地反映本期的收入和费用。有些收入款项虽在本期内已收到和入账，但并不应归属本期；而有些收入虽在本期内尚未收到，却应归属本期。有些费用虽在本期内已经支付和入账，但并不归属本期；而有些费用发生在本期，虽尚未支付，却应归属本期。因此，在期末结账以前，必须对账簿里已记的账项进行必要的调整。

期末账项调整

一般企业年末结账时应予调整的项目分为应计项目、递延项目、估计项目和存货调整。

期末账项调整

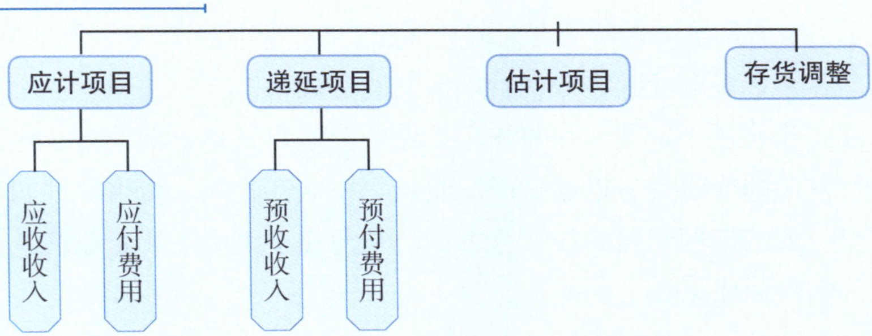

编制工作底稿

所谓工作底稿，就是指一种具有多种用途的会计资料汇总、分析计算表。它是将试算平衡、账项调整、结账等工作程序与编制会计报表结合在一起的一种工作草稿。在一个会计期间内，会计处理程序为分析会计事项、编制会计分录、过账、调整有关账项、编制调整账项后试算表，然后通过结清临时性账款，编制结账后试算表，再编制会计报表。这就完成了一个会计期间的会计工作，并提供了这一会计期间内企业经营活动状态的会计信息。

工作底稿的功能

工作底稿通常在会计期末编制，这样既有利于及时确定企业的经营成果，又能保证账页、账表的整洁，避免对账、结账时出现差错，为及时编制会计报表做好准备。工作底稿的作用有以下几点：

（1）可以避免调整、结算账项工作中出现差错。

在账务结束阶段，调整账项、结账、试算平衡等工作是分散进行的，而且工作量大，经手人多，这就难免发生差错。有时即使发现有差错，也难于查明更正。通过编制工作底稿，将每个工作程序都在同一张表格上进行，便于集中查找错误，而且工作底稿上的结账、调整分录可以直接作为编制记账凭证、调整账簿记录的依据，工作既省时又省力，保证了账页、账表的清洁，从而有效避免调整、结算账项工作中出现差错。

（2）可以及时反映企业经营期内的财务成果。

在工作底稿上，通过调整账项、结转分录、试算平衡，将企业在会计期间发生的经济业务以及资产、负债、权益、收入、费用和利润项目增减变动的结果同时反映在一张表上，从而便于集中了解企业的经营状况，确定财务成果。

（3）有助于加速会计报表的编制工作。

工作底稿中有损益表和资产负债表的相关栏目，这两个表内的各个栏目，可以直接根据日常的核算账簿来编制。日常的账簿资料分散地反映了企业的有关经营成果因素和财务状况因素，在编制会计报表前，这些项目还必须在账项调整的基础上进行多次的试算平衡，这就需要一定的时间，所以会影响会计报表的编制速度。

工作底稿的功能

行次	账户名称	调整前试算表		账页调整		调整后试算表		账项结转		损益表		资产负债表	
		借	贷	借	贷	借	贷	借	贷	借	贷	借	贷
1	现金												
2	银行存款												
3	应收票据												
4	应收账款												
…	……												
		（一）	（二）	（三）	（四）	（五）	（六）	（七）	（八）	（九）	（十）	（十一）	（十二）

账户名称栏＋
- （一）（二）栏组成调整前试算表
- （三）（四）栏组成账项调整的模拟记录
- （五）（六）栏组成调整后试算表
- （七）（八）栏组成账项结转的模拟记录
- （九）（十）栏中损益账表户组成损益表报表项目记录
- （十一）（十二）栏资产负债表账户组成资产负债表项目记录

工作底稿的格式

工作底稿的格式因其用途不同而异。这里介绍的是会计期末编制的结账式工作底稿。这种工作底稿一般采用棋盘格式，表内的栏次按照会计处理过程的顺序进行排列，包括（账项调整前、后）试算表、账项调整、账项结转、损益表、资产负债表等。

工作底稿步骤

工作底稿编制主要包括以下步骤：

（1）试算表的填制。将总分类账各账户的名称填入会计科目栏内，同时将各账户的余额填入试算表的借方栏和贷方栏。

（2）账项调整的填写。首先确定其应借、应贷账户及金额，然后在账户调整栏内填写账项调整分录。

（3）将“试算表”与“账项调整”两栏相同科目的借、贷金额合并，同方向金额相加，反方向金额相减。合并所得的金额就是“调整后试算表”相应会计科目的金额，将其填入“调整后试算表”栏内。

（4）账项结转的填写。对于期末应予结转的账项，首先确定应借、贷方账户及金额，然后在“账项结转”栏内填写结转分录。

工作底稿的功能

会计工作底稿

会计账户	调整前试算平衡		期末账项调整		调整后试算平衡		资产负债表		利润表	
	借方余额	贷方余额	借方	贷方	借方余额	贷方余额	借方	贷方	借方	贷方

对账

在记账、结账等会计工作中，难免会出现一些记录、计算等方面错误和账款、账物不符的情况。为保证会计资料的正确性、真实性，必须做好对账工作。所谓对账，简单地说就是核对账目，即把账簿上记载的资料进行内部核对、内外核对、账实核对，以保证账证相符、账账相符、账实相符。

对账的概念

对账是指在会计期末，于期末账项调整之后结账之前，将账簿记录的有关数字与会计凭证、各种财产物资以及各账户之间的有关数字进行相互核对的工作。会计信息系统采用复式记账原理，在内部已形成了一套以账簿为中心，账簿、凭证、报表之间，账簿与账簿之间的相互控制、稽核和自动平衡的保护性机制。但由于种种原因，比如财产物资本身的自然属性和自然条件会引起损耗或升溢，或由于人为因素在日常记账、过账、算账、结账的过程中出现失误，所以难免会发生差错。为了保证会计记录的正确性，必须做好对账工作。

Tips

通过对账，可以及时发现和纠正记账及计算的差错，做到账证相符、账账相符、账实相符，保证记录的完整和正确，为编制会计报表提供真实、可靠的数据资料。

对账包括日常核对和定期核对。日常核对是指对日常编制的会计凭证所做的核对，如发现有差错，在记账之前或记账时就可以进行更正，更正方法如前所述。定期核对一般在月末、季末、年末于结账之前进行，以检查记账工作是否正确和账实是否相符。

对账的内容

对账工作的主要内容包括账证核对、账账核对和账实核对3个方面。

Tips

会计实务中通常是通过财产清查进行账实核对的。

（1）账证核对：

账证核对是指各种账簿的记录与有关会计凭证的核对。主要包括账簿记录与原始凭证、记账凭证的时间、凭证字号、记账内容、记账金额及记账方向等的核对。

（2）账账核对：

账账核对是指各种账簿记录之间的相互核对。

① 总账各账户本期借方发生额合计、期末余额合计与本期贷方发生额合计、期末余额合计核对相符。

② 库存现金日记账、银行存款日记账的期末余额与总账中库存现金账户、银行存款账户的期末余额核对相符。

③ 总账各账户余额与所属有关明细账账户余额之间核对相符。

④ 财会部门财产物资明细账与财产物资保管和使用部门的有关财产物资明细账的期末余额核对相符。

（3）账实核对：

账实核对是指各种财产物资等的账面余额与实存数额之间的相互核对。

① 库存现金日记账的账面余额与现金实际库存数额相互核对。

② 银行存款日记账账面余额与开户银行账目（银行对账单）相互核对。

③ 各种财产物资明细分类账账面余额与财产物资实存数额相互核对。

④ 各种应收、应付款明细分类账账面余额与有关债务、债权单位的账目核对。

对账的内容

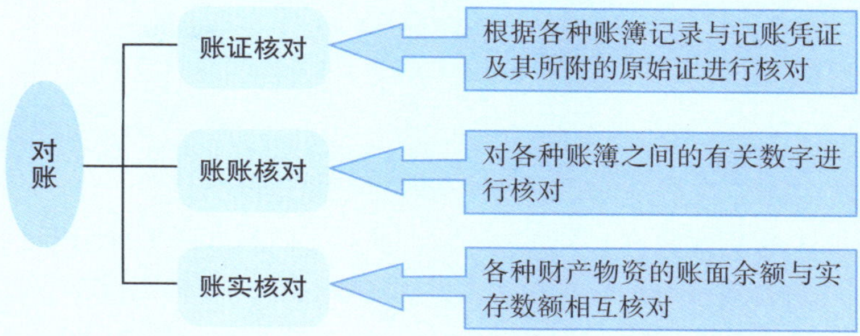

账账核对

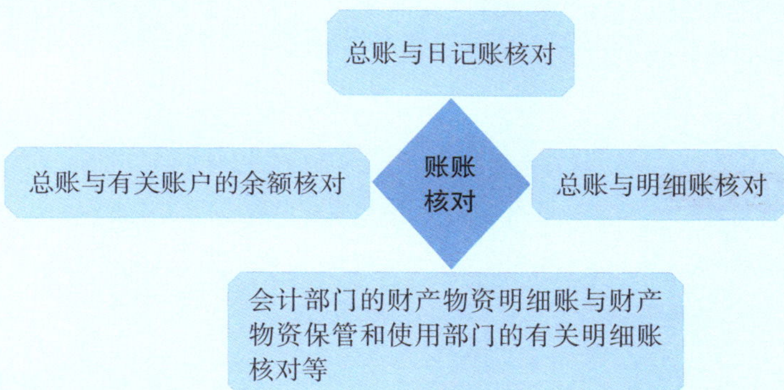

结账、对账工作完毕后，应将各种活页账、卡片账标上页次按序装订好，加具封面，同订本账一起，统一编号，并作为档案资料加以妥善保管，严格按照会计档案管理制度规定管理，以供会计检查、会计分析和审计用。

现金日记账和银行存款日记账的核对

现金日记账的账证核对，主要是指现金日记账的记录与有关的收、付款凭证进行核对；其账账核对，是指现金日记账与现金总分类账的期末余额进行核对；其账实核对，是指现金日记账的余额与实际库存数额进行核对。

银行存款日记账与现金日记账的核对方法有一定的区别，现金日记账的账实核对是通过库存现金实地盘点查对的，而银行存款日记账的账实核对无法进行存款的实地盘点查对，它要同与银行送来的对账单进行核对。因此，银行存款日记账的核对主要包括以下几项内容：银行存款日记账与银行存款收、付款凭证互相核对，做到账证相符；银行存款日记账与银行存款总账互相核对，做到账账相符；银行存款日记账与银行开出的银行存款对账单互相核对，做到账实相符。

银行开出的“银行存款对账单”是银行对本企业在银行的存款进行序时核算的账簿记录的复制件，所以与“银行存款对账单”进行核对，实际上是与银行进行账簿记录的核对。

More

对账的方法是编制总分类账余额试算平衡表、总分类账与其所属明细账余额明细表等。

试算平衡

为了保证记账的正确性，我们还需要根据会计恒等式的平衡关系和借贷记账法的记账规则，定期对账户记录进行试算平衡检查，即检查和验证账户记录是否正确。所谓“试算平衡”，是根据“资产＝负债＋所有者权益”的平衡公式，按借贷记账法“有借必有贷，借贷必相等”的记账规则的要求，通过汇总计算和比较，来核查账户记录是否正确的一种方法。

试算平衡的理论基础

在借贷记账法下，每笔经济业务都必须根据“有借必有贷，借贷必相等”的记账规则进行记账，这就使得每一项经济业务所编制的会计分录，其借贷两方的发生额必然是相等的。

Tips

运用“余额试算平衡法”，可以检验所有账户记录的内容经过一个时期的增减变动之后，在某一时点上（期末）的结果是否正确。

那么，在将一定时期内反映全部经济业务的所有会计分录都记入有关账户后，所有账户的本期借方发生额合计数与所有账户的本期贷方发生额合计数必然相等，因为所有账户的本期借方发生额合计数和本期贷方发生额合计数都是以其本期发生额为基础累计计算的，即“所有账户本期借方发生额合计数＝所有账户本期贷方发生额合计数”。

将一定时期内全部经济业务的所有会计分录都记入有关账户后，根据“期末余额＝期初余额＋本期增加额－本期减少额”，可以计算出每一个账户的期末余额。

总分类账户本期发生额试算平衡表

年　　月

会计科目	借方发生额	贷方发生额
现金		
银行存款		
材料		
……		
合计	××××	××××

发生额相等（一定时期、全部账户）

总分类账户本期发生额余额试算平衡表

年　　月

会计科目	期初余额		本期发生额		期末余额	
库存商品	借方	贷方	借方	贷方	借方	贷方
固定资产						
短期借款						
……						
合计						

总分类账户余额试算平衡表

年　　月

会计科目	借方余额	贷方余额
应付账款		
实收资本		
资本公积		
……		
合计	××××	××××

余额相等（某一时点、全部账户）

由于“所有账户本期借方发生额合计数＝所有账户本期贷方发生额合计数”，因此，所有账户的期末借方余额与所有账户的期末贷方余额也应该相等，即“所有账户期末借方余额＝所有账户期末贷方余额”。

试算平衡的缺陷

通过试算平衡表检查账簿记录是否正确也并不是千篇一律的，从某种意义上讲，若借贷不平衡，就可以肯定账户的记录或是计算有错误，但是若借贷平衡，也不能保证账户记录绝对没有错误，这是因为有些错误并不影响借贷双方的平衡关系。下面列示的都是记录错误而试算平衡的 4 种情况。

（1）账户双方重记、漏记，试算平衡不会被破坏。

（2）会计科目用错，试算平衡不会被破坏。

（3）借贷方向记错，试算平衡不会被破坏。

（4）同方向串户，试算平衡不会被破坏。

More

在借贷记账法下，全部账户的借方发生额和贷方发生额必然相等，而全部账户的借方余额与贷方余额也肯定相等。如果试算结果借贷双方不平衡，则可以肯定账户发生了记录或计算的错误。反之，即使试算结果借贷双方平衡，也不能保证账户记录的绝对正确。